LA VERDADERA HISTORIA
DE NELSON IVES

colección andanzas

FRANCISCO HINOJOSA
LA VERDADERA HISTORIA
DE NELSON IVES

TUSQUETS
EDITORES

1.ª edición: octubre de 2002

© 2002 Francisco Hinojosa

Diseño de la colección: Guillemot-Navares
Reservados todos los derechos de esta edición para
© Tusquets Editores México, S.A. de C.V.
Campeche 280-301 y 302, 06100, Hipódromo-Condesa, México, D.F.
Tel. 5574-6379   Fax 5584-1335
Fotocomposición: Quinta del Agua Ediciones, S.A. de C.V.
Aniceto Ortega 822, 03100, Del Valle, México, D.F.
Tel. 5575-5846   Fax 5575-5171
Impresión: Editores, Impresores Fernández, S.A. de C.V.
Retorno 7-D Sur 20 No. 23, Agrícola Oriental, 08500, México, D.F.
ISBN: 970-699-065-8
Impreso en México/Printed in Mexico

Índice

Memorias segadas de un hombre
en el fondo bueno 9
Lo que tú necesitas es leer a Kant 19
Dimas List, hombre lobo 27
Marina Dosal, aguafresquera 37
Informe negro 49
Nunca en domingo 64
Hacia el subterráneo 71
Lina Luna, oaxaqueña, en la prisión 80
La averiada vida de un hombre muerto 85
El miedo de besarla a usted 98
People are strange 107
A la sombra de los caudillos en flor 120
Quijote Hidalgo 134
La familia de Damasco o el acontecer
de un fauno 145
Julio mató al PC 153
Historia de lo que sigue 162
Un ejemplo de belleza 183
La llave 192
¡Oh, Roger, deja de llorar! 199
Relato de espantos en Tierra Nevada 217
Explicación 225

A los pinches chamacos 234
La creación 247
La verdadera historia de Nelson Ives 255

Memorias segadas de un hombre en el fondo bueno

Yo era a la sazón un hombre adinerado.

El miércoles me llamó el ministro ✳✳✳ para invitarme a conversar. Yo le dije que era un ingenuo. Me cortó la llamada. Uno de sus guardaespaldas llegó al día siguiente y me empujó con lujo de violencia. No me dolió.

Después vino una época de tranquilidad. Me complacía en regar las flores del jardín y tocaba la flauta dulce durante las tardes.

Hasta que apareció en mi casa Alma. Había sido mi alumna en un taller de dramaturgia (soy un gran escritor de teatro) que impartí meses atrás. Me dijo que quería platicar. Le dije que sí, pero ella platicó sólo un poco conmigo y luego me sedujo. Tenía los labios partidos.

Alma es de ésas de pies pequeños.

Fui con ella a las carreras de caballos y no gané un solo centavo. Alma en cambio ganó dos chicas. Cenamos en un restaurante argentino con meseros vestidos de gauchos y me pidió matrimonio.

Al comunicarle mis propósitos a mi único hijo (17 años), me aseguró que yo estaba errado en eso, en mis propósitos.

Pero nos casamos. Un día antes de que Alma cumpliera sus veintiún años.

Mi señor padre asistió en calidad de invitado. No quise que firmara las actas ni que conociera a la familia de Alma. Estuvo allí, en su silla, sin enterarse de que se trataba de la boda de su único hijo. Estoy enterado de que no la pasó mal.

El líder de los telefonistas, un tal ✳✳✳, me pidió una cita. Hablamos de la calidad moral de los líderes y no nos pusimos de acuerdo. Aunque yo pensaba que era un ingenuo, no se lo dije. Pero al fin y al cabo me molesté con él y se fue de la casa un tanto enojado.

Y todo fue porque me propuso darme a cambio del hijo que yo pudiera tener con mi esposa un Mercedes Benz del año.

En ese entonces Alma llevaba de paseo a mi señor padre y cuidaba de que el jardinero cuidara de las flores. Días después, el jardinero me armó un pancho y tuve que despedirlo.

Mi amigo el ministro ✳✳✳ me mandó, unos seis meses después, un regalo con una tarjetita que decía que se acababa de enterar de nuestra boda a través de un tercero, el entonces procurador de justicia. Me reclamaba que no lo hubiera enterado del suceso. De cualquier manera nos envió, envuelto en un papel floreado, un fósil con su número de catálogo. Alma lo colocó en la mesita del salón de té.

Unas ronchas rojas me cubrieron el cuerpo. Me dijo mi señor padre que se trataba de una intoxicación crónica de mariscos. Yo no había comido abulón ni jaibas en varios días. Me explicó que se trataba de una intoxicación reversiva provocada por comer tanto camarón y langosta a lo largo de los años.

Al cabo de una semana de tomar infusiones de hojas de naranjo y dientes de ajo, las ronchas cedieron.

Estuve presente en el parto de las gemelitas. Fue algo en absoluto maravillosos. Para Alma también fue formidable el momento, aunque después entró en crisis. Un día me arrojó un caballito de madera.

Como no se daba abasto con ambas, contraté a una nodriza para que le echara la mano con la lactancia. Se llamaba Morita.

A esas alturas de mi vida, yo no sabía por qué menguaban los recursos que había cosechado a lo largo de la vida.

Hasta que un día dejé de ser, lo que se dice, un hombre acaudalado.

Antes de vender una de las fábricas, creo que fue la de jabones, me nombré a mí mismo administrador. Los nuevos dueños me aceptaron a prueba. Pero como yo no di el ancho, a los seis o siete días renuncié al cargo.

La gemelas crecían y eran lo mejor de mi vida. Les compré casitas iguales, ositos iguales y camitas iguales. Muñecas gemelas como ellas.

Fuimos a un balneario y nos divertimos en la alberca, aunque una de ellas casi se nos ahoga. Conocí allí a un exportador, el señor ✳✳✳, que me invitó a hacer negocios juntos. Lo consulté con mi señor padre y me aconsejó que no eran buenas épocas para las exportaciones. «En todo caso, importa», me dijo.

Precisamente iba a importar cuando entré en la política. Fue una invitación que me hizo el regente ✳✳✳. Se trataba de trabajar todo el día con traje y corbata y llegar a la casa agotado. Me dedicaba a mandar a mis dependientes y a dictar cartas a todos mis amigos y a los ministros y a los líderes. Un día una señora me pidió cita para que le diera trabajo y me sedujo. Le di el trabajo y me dejé seducir, aunque no continué con la relación amorosa, como se dice. Hacía una especie de vacío con la boca cuando me besaba.

Mandé construir un zoo e importé elefantes, jirafas, jabalíes y llamas, entre muchas otras especies animales. Las gemelas estaban fascinadas con tan bellos ejemplares. Y la gente, en general, los disfrutaba también, ya que les arrojaban mucha comida.

Tuve luego un ascenso y recibí muchas críticas en los diarios.

Un día Alma presentó una obra de teatro en el auditorio de la dependencia a mi cargo. Creí oportuno invitar al presidente para que se recreara. Con verdadera ingenuidad, me dijo al oído que no se veía bien que mi mujer se presentara desnuda en escena besando a dos muchachos a la vez. Yo le respondí que su mujer no me parecía una primera dama atractiva. Me citó en su despacho y me pidió que dimitiera. Le dije que de todas maneras ya estaba harto de ser político.

Ese mismo día una de las gemelas se había caído y se había fracturado un dedo de la mano.

A partir de mi efímero paso por la vida pública volví a ser un hombre acaudalado, pues hice varios cheques que deposité en mi cuenta.

Para que no tuviera que volver a dejar de ser un hombre de dinero me decidí a invertir. Mi señor padre me instruyó: dijo que comprara casas y que las arrendara, que pidiera créditos a los bancos y que importara ginebra y licor de manzana.

Alma seguía desnudándose y besando a distintos tipos, uno de ellos de color. Yo creo que la elegían para

12

que interpretara papeles atrevidos por su bonito cuerpo y su buena dicción.

La nana de las gemelas me quiso seducir con el truco de que ella era una buena lectora de obras dramáticas. La escuché un rato y luego le permití que se quitara la ropa. Tenía tan voluminosos los senos que me dejó perplejo. Me preguntó que qué me pasaba y yo le respondí que tenía muy grandes las tetas. Se las tapó, indignada, y quiso renunciar a su cargo de nana de las gemelas, pero yo no la dejé. Nos tumbamos un rato en el sillón y le permití que me tocara en los lugares a su elección. Al fin no renunció.

Hubo en ese entonces un problema tremendo en el campo y me llamaron para que volviera a trabajar en la política. Resolví el problema como pude, me llovieron las críticas en los periódicos, deposité algunos cheques en mi cuenta y renuncié. El presidente me dijo que no tenía nada personal contra mi esposa. Le devolví el cumplido asegurándole que yo tampoco tenía problemas con la suya. Me ofreció en ese momento una embajada en ✳✳✳ y acepté. Con tal de viajar y hacer mundo.

Al llegar a ✳✳✳ las gemelas enfermaron de sarampión y se volvieron a complicar las cosas entre Alma y yo. Para reconciliarnos le prometí que yo volvería al teatro. Monté una obra de Bernard Shaw y tuve un éxito relativo.

Sin embargo, en un santiamén perdí mi reputación como dramaturgo y como hombre de teatro. Resulta que el príncipe de ✳✳✳, que había visto mi puesta en escena, me convidó a platicar con él sobre Marlowe y lo decepcioné. Comíamos una especie de panuchos cuando me preguntó mi opinión. Yo le dije, con toda naturalidad, que eran unos cretinos (él y Marlowe).

Para Alma también fue decepcionante y arbitraria mi crítica a Marlowe enfrente del príncipe. Como consecuencia, al día siguiente le quitaron un papel protagónico en una obra nudista underground, y le ofrecieron a cambio representar a un soldado en una obra de Lope de Vega.

Me reclamé a mí mismo ser tan inoportuno en mis comentarios.

A la gente de la embajada no le importaba que yo tuviera mis propios problemas en el mundo del teatro. Me seguían exigiendo que trabajara en el despacho y que firmara papeles y cheques. El ministro de ✳✳✳ me llamó para exigirme que presentara una disculpa al príncipe. Simplemente, no quise hacerlo.

Durante mi último día en la embajada jugué ajedrez con un cónsul de aspecto enfermizo. Le gané con la reina y dos peones.

Aunque dejé de trabajar para el servicio exterior, decidí que nos quedaríamos un tiempo más en ✳✳✳ porque mis gemelitas la gozaban en los parques. Pero llegó el invierno y se les quitaron las ganas de salir a la calle.

Alma las amaba y les daba ternura cotidiana. Decidí entonces que era el momento de volver a la patria.

Mi señor padre había fallecido hacía un año. Un año significaba tanto tiempo que no pude siquiera llorar por su pérdida. Mi tía ✳✳✳, que había decidido cremarlo y esparcir sus cenizas en la Plaza de Armas, me contó que las últimas palabras de mi señor padre estaban dirigidas a mí: «Dile a mi hijo que no calle cuando tenga algo que decir, que mienta cuando sea estrictamente necesario, que invierta en flores y que eduque a mis nietecitas en el respeto a sus antepasados.»

Compré treinta y ocho hectáreas y las sembré con rosas de distintos colores.

Me inscribí en un curso universitario para conocer a fondo a nuestros antepasados. En la cafetería, una compañera del curso de antropología me aseguró que estaba enamorada de mí. Yo la abracé con ternura y le dije que estaba casado. Luego compré casi todos los libros que tuvieran que ver con nuestros antepasados, me di de baja y formé una bonita y útil biblioteca.

Alma me volvió a arrojar el caballito y me pidió el divorcio. Le expliqué que tenía que educar a mis gemelitas y ella cedió.

Doce hectáreas se echaron a perder, pero las restantes me dieron jugosas ganancias.

El nuevo gobierno me invitó a unirme a sus filas en el gabinete. Acepté el ministerio de educación por respeto a nuestros antepasados y por amor a mis hijas. Les construí una escuela y contraté a los mejores maestros. Las veía tan felices aprendiendo historia que hasta me gustaba trabajar por su bien.

Entonces mataron al presidente de un balazo y los muchachos me fueron a pedir que yo lo reemplazara. Nunca se me había ocurrido pensar que yo pudiera ser presidente de la república. Acepté por Alma y por las gemelas. Estaba seguro de que las haría dichosas.

Yo creo que le hice mucho bien al país. Mandé construir un puente gigantesco de color azul que ahora es el orgullo de la nación. Compré muchos terrenos y muchos millones de vacas para que todas las familias tuvieran leche gratuita. Importé miles de toneladas de salami a precios ridículos. Ordené que sembraran rosas en varios distritos. Y me puse a leer las cartas que me enviaba el pueblo. Eran tantas que Alma y las gemelas me ayudaban a contestarlas.

Al principio atendíamos personalmente todas las peticiones del pueblo. Íbamos a llevar los borregos que nos pedían, hacíamos justicia, apadrinábamos a los bebés y regalábamos pedazos de tierra. Luego tuvimos que pedir ayuda al Ejército y a la Cruz Roja porque no nos dábamos abasto.

Como familia éramos un ejemplo para la nación.

Uno de mis subordinados me dijo que ya le parara con tantas dádivas. Le dije que la gente estaba contenta. Me dijo que ya no había dinero. Le dije que vendiera algunas cosas. Me dijo que ya estaban vendidas. Le pregunté que por qué no me lo había consultado. Me respondió que era necesario. Lo despedí y nombré en su lugar a las gemelitas.

Ellas me aseguraron que el pueblo estaba contento con mi gestión. Hicieron encuestas y terminaron de vender todo lo que el gobierno tenía.

Cuando yo ya estaba empezando a hastiarme de ser presidente, mataron a Alma en un atentado. Dos sujetos de corbata le dispararon con una bazuca cuando salía del súper. Mis gemelitas se entristecieron. Estaban muy apegadas a su madre.

Como no sabíamos a quién renunciarle, las gemelas y yo hicimos las maletas y tomamos la decisión de volar a ✻✻✻. A la hora de vuelo, nos enteramos por el piloto que habían dado un golpe de estado. Por fortuna nosotros ya habíamos empacado.

En el aeropuerto de ✲✲✲ nos encontramos con mi hijo, que decidió unirse a nuestra huida porque él también estaba cansado de tanto estudiar. Los cuatro queríamos olvidar tantas desgracias y contratiempos.

Al llegar a ✲✲✲ nos esperaba el arzobispo ✲✲✲. Lo abracé con emoción y, en el trayecto al estacionamiento, le confesé que habíamos huido. Cuando me dijo que lo sabía descansé al fin.

Afortunadamente, antes de abandonar el país alcancé a hacer unos cuantos depósitos en mi cuenta de cheques. Lo suficiente como para no estar con la preocupación. Con una parte de ese dinero compramos una granja y nos volvimos todos granjeros.

Una farmer vecina, llamada Malibú, me invitó a conocer su habitación y luego me casé con ella. Era de ésas con el ombligo hundido y las cejas escasas. Tenía vacas, borregos y gansos. Y había sembrado acelga, albahaca, chayote y jitomate en los predios de su propiedad.

Las gemelas también se casaron, el mismo día, con mis yernos. Y como Malibú era muy conocida en los alrededores, la fiesta fue un éxito. Salvo porque mi hijo, mientras comía su pastel de bodas, tomó la decisión de estudiar alpinismo.

Al principio, bajo los efectos del alcohol, sus hermanas gemelas le advirtieron con amor acerca de la inútil vida de los alpinistas. Luego lo respaldaron y yo tuve que unirme a su entusiasmo o euforia.

Recuerdo que comimos pescado en la madrugada. Creo que era merluza. Y también recuerdo que Malibú, a sus 25 años, quiso dar consejos de mujer sabihonda a las gemelitas (tres años mayores que ella) y a sus esposos. Ninguno lo tomó a mal ni hubo discusiones.

Nos veíamos los domingos para asar salchichas y conversar. Uno de esos domingos estuvo amenizado por el arzobispo ✳✳✳, que nos cantó canciones de moda. Más tarde, en el baño, me pidió que aceptara ser miembro de la academia. Con su influencia lograría que me aceptaran.

Sin embargo, al día siguiente tuve un infarto. Según me dijo el doctor estuve cerca de la muerte. Malibú se desveló a mi lado cuatro o cinco noches. Yo la amaba.

En esa época estalló la guerra y yo me dediqué a surtir la despensa. Compraba de todo a fin de que mi familia no padeciera después privaciones. Pero nunca hubo tales porque la guerra se acabó muy pronto.

Empujado por Malibú tomé conciencia de que algo tenía que hacer en lo que me restaba de vida. Compré lienzos, tubos de óleo y pinceles. Había decidido ser artista. Mi primer cuadro fue un paisaje que vendí a buen precio a un coleccionista reputado.

Malibú escribió hermosas piezas de teatro y actuó en una de ellas. La gente alababa sus tetas y sus nalgas. Y no era para menos.

Un día perdí la vista y dejé de escribir. Malibú me dijo que se había comprado un coche nuevo.

Lo que tú necesitas es leer a Kant

Ya basta. Me duele la voz. Toda la maldita noche hablando y hablando cosas sin sentido. Que yo dije lo que nunca dije, que sí es cierto, y que hasta me paré y fui por un cenicero. Y aunque lo haya dicho, no tiene sentido, ¿por qué iba yo a decir algo que no pienso ni siento ni quiero decir? / Sí, sí fui por el cenicero, es cierto, pero ¿eso qué prueba? Que soy el monstruo que tú describes. ¡Basta! Sería mejor que nos fuéramos a dormir..., como si no hubiera pasado nada. Pero no, quieres seguirle. Dime, ¿has leído a Platón? Un diálogo es un diálogo. Habla primero uno y luego el otro. Uno dice algo y el otro se inconforma con él o se une a su afirmación o, en todo caso, le pregunta. Lo que sí no es posible es que cada quien vaya por su lado creyendo que dialoga. No hay conversación entre nosotros, al menos ahora. Podría decirte: «La crisis por la que estás pasando te incumbe ante todo a ti, no quieras que yo la mida, la sienta y la resuelva si tú no la conoces siquiera». A esto podrías responderme, como ya lo has hecho: «Bebes para alejarte y no tener nada que ver conmigo». ¿Ves? Cada quien habla de cosas distintas. Tú de la tortuga y yo del encanto de las flores. ¿Ves? Platón te enseñaría tantas cosas que

19

ni te imaginas. Te enseñaría a llevarte con los demás, por ejemplo. Si hay diálogo, puede haber entendimiento. Pero así... Así es imposible cualquier relación. / Que yo beba nada tiene que ver ni con tu crisis ni con lo que imaginas que yo ando diciendo. Bebo por gusto, lo he hecho siempre y lo voy a seguir haciendo mientras pueda. Aunque no quieras. / No le achaques a mis placeres tus problemas. / ¿Vicios? Está bien, no me asusto con las palabras: «mis vicios...» Deberías conocer a fondo a Sócrates. Los diálogos de Platón son diálogos socráticos. Sócrates no insultaba nunca a sus interlocutores, no necesitaba hacerlo. ¿Y sabes por qué? Porque él dialogaba. Cuando dos personas inteligentes dialogan no necesitan insultarse. Mira, ve esta foto

¿Qué ves? / Sí, están matando a un marrano, aunque yo prefiero decirle cerdo o cochino o puerco. Marrano es de gente vulgar. Pero bueno, vale, tú naciste en el campo y tienes derecho a llamarle marrano. ¿Qué respondes? / Ya ves, estábamos hablando de cómo matan a un animal y tú necesitas caer en el insulto. Lo de la foto es por poner un tema de conversación y así mostrarte las conveniencias de leer a Platón. El diálogo socrático. La comunicación. Nada de yo dije, tú dijiste, yo no dije, cómo crees, claro que creo... Todo eso es mierda. / No, no me estoy burlando. Lo digo absolutamente en serio. Por ejemplo, podrías haberme respondido que para ti un porcino no puede ser cerdo, puerco o cochino, sino marrano, porque desde niña, en el rancho, lo conoces con ese nombre. A mí me hubiera parecido una buena respuesta. Ve esta otra fotografía

No me estoy burlando. Dame tantito crédito y responde qué ves en la foto. / Está bien, está bien, te voy a decir qué es lo que yo veo. Veo a un hombre que saca fuego por la boca. La expresión de quienes observan el acto llama la atención porque pareciera que más que asombrarse por la proeza del tipo desean que algún accidente ponga fin a algo tan desagradable. / No estoy alucinando. Esa es mi interpretación. Digo que desagradable porque a nadie le puede gustar que alguien saque fuego por la boca para ganarse la vida. / ¿Que a ti sí? Lo haces por llevarme la contra. Por supuesto que te desagrada. Me lo has dicho. / ¿Cuándo? No intentes jugar conmigo. ¿Cómo te voy a decir cuándo? No lo sé, no recuerdo. Pero sí estoy seguro de que me lo has dicho. / Claro que te conozco, y te conozco más de lo que te imaginas. Incluso más de lo que tú te conoces a ti misma. / Otra vez con insultos. ¿Ya ves? Necesitas recurrir al insulto para poderte relacionar conmigo. / No rompas los vasos. ¿Crees que rompiendo vasos vas a ganar algo? Si quieres hazlo, yo no te voy a detener. Y tan fácil que sería entendernos. Como lo hace todo el mundo. Como lo hacía Sócrates con Fedro. Creo que con

Fedro. Sé sincera: ¿no te gustaría que en vez de andar peleándonos nos entendiéramos como griegos, como Sócrates con Fedro...? / Si sigues, vas a ver que yo también sé insultar y romper vasos. Provócame más y vas a conocer una faceta mía que no conocías. / ¿Que yo también te insulto? Vamos, cariño, hay que ser más adultos. Por favor. / ¿Esto un insulto? Te lo digo sin ganas de molestarte. Simplemente creo que no eres una mujer madura capaz de sostener una conversación amigable. Vamos, lo digo científicamente. Sin ánimos de imponer una calificación moral. Se puede ser inmaduro sin ninguna dificultad. No hay que avergonzarse por eso. Hay gente inmadura que llega así a los ochenta años. / No, no estoy bebido. Sé perfectamente qué te estoy diciendo y lo podría mantener mañana a la hora del desayuno. / Claro que va a haber desayuno. / No, no vamos a romper por una simple conversación mal llevada. No te hagas la melodramática. «Quiero el divorcio». Has visto mucha tele. No porque seas una mujer inmadura vamos a dejar de compartir una casa y una vida. Se puede madurar. Claro, es cuestión de tiempo. Y voy a ayudarte. / Decir que yo soy el inmaduro es desviar la conversación hacia otro lado. Dame una prueba. Por ejemplo, dime en qué momento te he insultado. Esa sería una prueba de inmadurez. / No te rías como pendeja. Tus ironías son pueriles. / Pueriles significa que eres una niña. / ¿Que por qué me casé con una niña? No trates de confundirme. Cuando te conocí no eras tan irregular como eres ahora. Bueno, no irregular, tan... tan inconsistente, tan infantil. Yo creo que tu mamá te ha hecho mucho daño. / Sí, tu mamá. Se la pasa dándote consejos sobre cómo tratar a un marido, como si yo fuera un marido cualquiera.

O sea, un marido común y corriente. / No es que quiera meter a tu mamá en esto. Lo que pasa es que es necesario. Algún día te lo iba a decir. Ella es la que te está destruyendo la vida. / No, no tengo la más remota idea de cómo era tu papá. Lo que sí sé es que ella debió tener algún conflicto muy fuerte con él. / Lo he visto muchas veces, no necesitas enseñarme su foto

¿Que qué veo? ¿Ahora eres tú la que quiere ser socrática? Adelante, adelante. Veo a un hombre cuarentón, despreocupado, sin una meta en la vida. / Carajo, tengo derecho a decir lo que pienso. O más bien, lo que veo en una fotografía. / Ya lo creo que tú debes tener otra idea de las cosas. Es tu papá. Lo que sí es que no tienes por qué cuartear mi libertad de opinión. Podría mentirte, si es eso lo que quieres. Anda, veo a un hombre amoroso, preocupado por el bienestar de su hijita. / No, no me estoy burlando. Es como si yo te dijera que no tienes derecho a ver un marrano donde yo veo un cerdo o puerco o cochino. Simplemente tú tienes una visión de quien vivió en un rancho y yo de un hombre de ciudad. Ninguno es mejor que el otro. ¿Comprendes? ¿Ya estás entendiendo por dónde voy? / ¿Qué? Pero si tú también estás bebiendo, por si no te has dado cuenta. Eso del alcoholismo es una proyección. Es a ti a quien le está haciendo daño beber. Si tú mañana puedes mantener todo lo que has dicho, imagínate a mí. Yo siempre me he mantenido en lo que digo. ¡Siempre! Nunca ando con el «perdóname, yo creo que estaba cansada...» / ¿Cómo me voy a estar burlando? Sé que puede sonar así, pero no, no he querido imitarte. Perdóname, si es eso lo que quieres oír, perdóname, de verdad no quise burlarme de tu voz chillona. / Tampoco quise hacer esa mueca. Se me salió. Pero ya te pedí disculpas, ¿no es suficiente? / Y dale con el divorcio. Está bien, si eso es lo que quieres, te concedo el divorcio. Vas a ver que mañana vamos a desayunar, haremos como que no pasó nada, tú te irás con tu mamá de compras y yo a trabajar. / Pues ¿qué otra cosa haces? Siempre estás de compras con tu mamá. Yo sólo digo lo que veo. / No seas idiota, lo que quise decir es que mañana va a ser otro día. Mi intención no era criticarte. Ni a ti ni a tu mamá. Sus actividades, si a eso llamas actividades, me tienen sin ningún cuidado. Es más, pueden irse de compras cuantas veces quieran. Al cabo que yo soy el que trabaja... Y no es que me esté quejando... Aunque, pensándolo bien, ¿qué harías si nos divorciamos? Te lo pregunto para que veas que es una idiotez lo de «quiero el divorcio». / ¿Que yo te pasaría una pensión? ¿Dónde crees que vives? En este país hay leyes, y no creas que protegen precisamente a los huevones. / No digo que seas una huevona. Lo que quise decir es que si te divorcias de mí tendrías que trabajar. / Ya sé que puedes hacerlo, no pienso que seas una inútil. Sólo trato de convencerte de que una discusión como la que estamos teniendo no termina en el divorcio. En todo el mundo no ha habido una sola vez que se haya roto un matrimonio por tonterías como ésta. Es algo que pasa. Así... Todos los matrimonios tienen pleitos. Todos, ¿me entiendes?, todos.

Y casi siempre por las mismas estupideces. En China, en Bielorrusia, en Paraguay. Por eso te digo que lo mejor es dejar de discutir, meternos a la cama y mañana, en el desayuno, olvidar todo lo que pasó hoy. Sin resentimientos... Mira, ve la foto de cuando nos casamos. ¿No te dice nada?

Voltea a verla. No te va a hacer ningún daño mirar la foto del día de nuestra boda. La has visto miles de veces. Lo único que te pido es que la veas ahora mismo para que te olvides del divorcio y nos vayamos a dormir. No te cuesta nada. Dame la mano. Vas a ver que así todo se compone. Anda, dame la mano. / Así... ¿Ya ves? Es muy sencillo. Ve que no hay razón para pelearse. Estos pleitos son naturales... Bésame..., vamos a terminar con esto de una vez. / Bueno, deja que yo te bese. No soy tan orgulloso como para no reconciliarme contigo. / Así..., así... / ...... No, déjame a mí quitarte la blusa... Despacio, no hay prisa. ¿Te acuerdas de la primera vez? Yo me acuerdo mucho. Tenías puesta la blusa de rayitas rojas... ... / Sí, sí, te lo quitaste tú... Recuerdo que te besé los senos..., te besaba los senos... ... / Sí, lo tenía más parado que nunca... / Por supuesto que más, Mónica no fue nada para mí... No sé por qué tienes esa fijación con Mónica. Nunca pasó de ser más que un acostón... En todo caso, ¿no me digas que a ti no te encantaba el gringo? / Ya sé que se llama Martin. / Sí, pero te encan-

taba, me lo dijiste una vez. / Bueno, está bien, sólo
quería escucharlo... Anda, quítate la ropa y vamos al
cuarto. / ¿Aquí, en la cocina? Si es lo que quieres yo no
me opongo, sólo que creo que es más cómoda la cama,
pero...

Te lo dije, había que ver la foto del día de la boda
para que el enojo no pasara a mayores. ¿Te gustó? Yo me
acordé del primer día. / No, tú no llevaste la iniciativa.
Acuérdate, yo fui el que te abrazó. / ¿Cómo crees que
yo iba a estar en otro planeta? Desde el principio sabía
que nos íbamos a acostar. Lo vi en tus ojos. Tú andabas
como perro sin pareja. Es más, estoy seguro de que te hubiera gustado hacer el amor desde el primer momento. /
Bueno, lo digo porque así lo sentí, ¿o no puedo decir lo
que siento? / Eso no es una agresión, palabra. Así sucedieron las cosas. Haz memoria. / ¿Cómo voy a decir yo
que tú eres una puta? Si así fuera, ¿tú crees que estaría
casado contigo? No, amor, la verdad yo creo que lo que
tú necesitas es leer a Kant.

Dimas List, hombre lobo

Tan sólo en la primera quincena del mes de enero, el hombre lobo había devorado a un adolescente miope, unas trillizas pelirrojas y dos familias protestantes, trece personas en total. Vivía en un pueblo llamado Paso de Ganado y se aparecía a eso de las diez de la noche, con o sin luna llena, para satisfacer sus inhumanos apetitos a costa de la vida de amigos, funcionarios municipales y simples ciudadanos. Por eso ya nadie salía a la calle a esas horas, pensando que quizás así habría más posibilidades de salvarse. Sin embargo, él no tomaba en cuenta tales preocupaciones y se metía a las casas para consumir a sus moradores.

Por las mañanas, la gente de Paso de Ganado estaba ansiosa de noticias, difundidas en volantes impresos por la Policía, que daban cuenta de quién o quiénes habían sido las desafortunadas víctimas de la noche anterior. Algunos acudían a los velorios y los entierros, y todos –todos en Paso de Ganado– se apresuraban a dar fin a sus quehaceres del día para llegar temprano a sus hogares, a eso de las cinco y media de la tarde, tapiar ventanas, echar cerrojos, prender veladoras, apagar luces y rezar rosarios para impedir, con la esperanza atrapada entre las manos cerradas, la entrada del temido Devastador.

–La cosa se está poniendo color de hormiga –dijo Nemesio Mena Mena, jefe de la Policía, a sus subordinados.

–Deberíamos aprehenderlo –sugirió alguno– y asesinarlo.

–Seriedad, señores. Aquí no tenemos balas de plata y sería ridículo que alguien nos viera con crucifijos y collares de ajos, tal y como nos lo han indicado en la Central de Policía del estado.

–¿Ellos qué saben de hombres lobo?

–Lo han consultado con los expertos.

–¡Ah! –exclamaron al unísono los subordinados de Mena Mena.

Mientras tanto, el hombre lobo, transformado otra vez en hombre común, se bañaba y se vestía como si nada, desayunaba huevos, iba al mercado y luego a su trabajo en la Oficina de Correos: era el jefe. Además, saludaba en la calle a casi todos, al igual que casi todos lo saludaban a él con pareja cortesía.

Dimas List no sabía aún que por las noches se transformaba en hombre lobo y se comía a sus semejantes. Y a pesar de que todos sospechaban de él, nadie se atrevía a decírselo por miedo a despertar su enojo y convertirse, así, en su siguiente víctima. El jefe de la Policía y sus subordinados lo saludaban con estratégica distracción. La vendedora de verduras le ponía un jitomate o un manojo de acelgas de más. Sus compañeros de trabajo bromeaban con él mientras violaban y leían la correspondencia que les iba llegando a las manos. El cobrador de la luz lo miraba con indiferente apatía.

Su novia lo besaba.

Los sábados, Dimas le llevaba flores a Anne Rose Miller. A los padres de ella no les gustaba ese noviazgo porque se encerraban en el granero a retozar entre la paja. Por eso los señores Miller –distinguidos vecinos de Paso de Ganado con reputación de brujos– odiaban a Dimas List. Quizás ellos lo habían hechizado.

Poco a poco, con el paso lento pero definitivo de las semanas, la población empezó a menguar.

Cuando ya quedaban unos cuantos, Dimas List se preguntó a sí mismo por qué se moría tanto la gente de Paso de Ganado. No atinó a responderse y sabía que ya no podía consultarlo con el doctor Galindo, a quien solía preguntárselo todo. El veterinario lo había enterrado precisamente esa mañana.

No valía la pena angustiarse demasiado. Por el contrario, el sol invitaba a disfrutar del día.

Le llevó un ramo de margaritas a Anne Rose y jugueteó con ella en el granero, en tanto que John & Katherine Miller los espiaban con odio.

Regresó a su casa, comió gallina y alcachofas y, a la mitad de la siesta, en plena tarde, lo despertó su acostumbrada metamorfosis: de hombre común que soñaba con su novia deshojando margaritas a la sombra de un pirul, a hombre lobo con feroz apetito.

Sofía Vana llevaba más de veinte padrenuestros.
—¡Apaguen la tele! —gritó a sus hijastros.
Pero la tele siguió encendida: el hombre lobo había interrumpido en el momento justo de los anuncios comerciales para comerse a los pequeños televidentes.

Luego de mordisquear un tendón de la pantorrilla, dejó a un lado el peroné y, satisfecho, se dirigió a la salida.
Una sorpresa lo aguardaba: el espejo que los Miller le habían regalado a Sofía Vana el día de su boda. La imagen no mentía: los ojos inyectados, el rostro cubierto de pelo grueso, las orejas crecidas, los colmillos inusuales, las garras, la vertical perdida: sin lugar a dudas él, Dimas, era un auténtico hombre lobo. Advirtió además manchas frescas de sangre en su hocico.
Se sorprendió también de tener su apreciada conciencia: supo que se encontraba en un gran aprieto: que era falso que los seres como él no se reflejaran en los espejos, que no era tan incómodo andar sobre cuatro patas y que ya no tenía hambre. Su decisión: consultar al boticario.

—¡Levante las manos! —ordenó Nemesio Mena Mena, revólver en mano, a un homicida que disfrutaba de un daiquirí en una taberna.

–No lo aprehenda, don Nemesio –dijo el dueño del lugar–. Nos está contando cuentos de vampiros. Vea cómo estamos divertidos con sus ocurrencias... Ándele...

–Bueno, que sea la última vez.

Iván Bustos descansaba en una hamaca convencido de que era poco probable que le cayera algún cliente en los pocos días que seguramente le quedaban de vida. Cuando vio al hombre lobo comprendió que la hora había llegado. Hizo su mayor esfuerzo para que no se le notara nervioso. Desviando la mirada, le preguntó al cuadrúpedo qué se le ofrecía, y él le respondió:

–Un remedio para acallar, combatir y frenar las continuas metamorfosis que me aquejan.

Iván le dijo que un momentito, fue al refrigerador, tomó una ampolleta, sacó algodón, alcohol y jeringa y le ordenó:

–¡Quédese quieto que lo voy inyectar!

Mientras, Imelda Pompeya se rasuraba las piernas con espuma de olor.

Con mucho cuidado Iván Bustos, el boticario, introdujo la aguja en el lomo de Dimas: le arrancó un aullido agudo. Lentamente se inició la transfiguración: los pelos se le fueron adelgazando hasta que se hicieron vellos, las orejas decrecieron, las garras se tornaron pies y manos, los colmillos regresaron a su etapa láctea, la nariz se le respingó: en pocos minutos, Dimas List se hizo de nuevo hombre común.

–¿Quedaré curado para siempre? –preguntó, acariciándose la calva.

–Espero que sí, porque ya no hay más ampolletas.

–¿Cuánto le debo?

Dimas no tenía remordimientos, sólo una vaga sensación de malestar espiritual. «¡Vaya, haberme comido al pobre del doctor Galindo, a mis propios empleados, a tantos chiquillos que correteaban en el parque...!», se dijo con un mal sabor de boca. «Si al menos me hubiera comido a los papás de Anne Rose.»

Desayunó huevos robados de la granja de los Miller con jamón robado del refrigerador de las trillizas.

Imelda Pompeya, ajena a los avatares del señor List, se puso sus medias de nylon, cruzó delicadamente una pierna y empezó a comer chocolates.

Para Dimas, los siguientes días fueron anormales. La inyección seguramente había surtido en él efectos secundarios imprevistos. Una vez se robó un pollo para la comida y sin darse cuenta se lo comió vivo. Otra vez soñó que se transformaba en un hombre gato que maullaba en los tejados de un pequeño poblado venezolano. Una mañana, mientras se enjabonaba la espalda, descubrió que le había salido una cola de vaca; después de secarse, desapareció. Y una noche, sin planearlo, asesinó a John & Katherine Miller con un pelapapas de su propiedad.

También se sentía deudor: tenía ganas de reparar el daño que sin querer había hecho a la sociedad pasodeganadense. Pero no sabía cómo.

Los subordinados de Nemesio Mena Mena que quedaban vivos tenían la idea de hacer una redada para no perder la práctica. Sin embargo, no había mucha gente en las calles. Sólo encontraron a la huérfana Anne Rose, que tocaba la guitarra, con sus lentes oscuros y su minifalda, a las afueras de la iglesia.

Luego hicieron una redada entre ellos mismos; hubo forcejeos, encarcelamientos, intentos de fuga y amnistía, hasta que, agotados, se quedaron dormidos en la oficina. Anne Rose dormitaba. Y el jefe de la Policía, que nunca se dio cuenta del operativo, hacía sumas y restas.

A eso de las nueve de la noche empezó la pesadilla de Dimas en plena vigilia. Todo se anunció con una diminuta comezón en los cachetes: eran los pelos que le empezaban a brotar de la cara; luego los tarsos y los metatarsos se le fueron yendo, las uñas se le afilaron, algo lo jalaba de la cola, le crujieron los huesos de las extremidades, los colmillos relucieron: su aventura lupina había comenzado. Tenía más hambre que nunca.

El hombre lobo se dirigió a Franz Werfel, la amplia avenida en la que vivía Imelda Pompeya. La encontró despierta en su cama *king size* y con la lámpara del buró encendida.

Desde que había muerto su esposo, Gregorio Pompeya, el tedio se había apoderado de su frágil alma.

Al ver al Engendro consideró que sus días habían terminado. Sin embargo, estaba preparada para el encuentro: se ruborizó primero ante la mirada del extraño, le pidió que se volteara para que pudiera ponerse la bata de seda rosa y, un tanto incómoda por la situación, se puso a platicar con él.

Dimas la miraba con la lengua de fuera y con una expresión en el rostro que denotaba al mismo tiempo hambre que ternura.

–¿Y qué lo trae por aquí? –preguntó Imelda como queriendo hacer conversación–. ¿Le ofrezco algo?

Aunque tuvo ganas de aceptar la invitación, el hombre lobo ni siquiera aulló. Estuvo un momento pasmado ante los ojos sensuales de su interlocutora. Dio la vuelta y se echó a correr, calle abajo, hacia la Comisaría.

Un subordinado de don Nemesio Mena Mena no alcanzó a terminar su bostezo: una dentellada le arrancó la boca.

Luego siguió el mismísimo jefe: a pesar de su aspecto –un hilito de baba le corría hasta la barbilla– se lo comió casi completo, empezando por el estómago.

De Anne Rose sólo quedaron sus lentes oscuros, su minifalda y unos aretes que él le había regalado en su cumpleaños.

Llegó el turno del boticario, que se había guardado una última carta: al ver al hombre lobo trató de pincharlo, cual diestro banderillero, con dos jeringas llenas de un líquido lechoso color mamey. Sin embargo, su inhumano contrincante fue más hábil. Evitó la embestida y se lo comió con todo e hipodérmica.

Como seguía con hambre, fue a la granja de los Spinoza a comer vacas y gallinas. Encontró también un nido de ratoncitos y muchas cucarachas sueltas.

Bebió agua en el río.

Imelda se pintó rayos y cenó huevos pasados por agua. Vio en la televisión un programa sobre la sequía en un país africano o asiático.

Al día siguiente Dimas se despertó, totalmente desnudo, sobre una banca del parque principal. Se tapó con un ramo de geranios que arrancó de una jardinera y se fue a su casa. Antes de llegar pudo verse en el reflejo del aparador de una tienda: era un hombre-común-solitario-y-sin-rasurar. El silencio reinaba en el pueblo.

Imelda y Dimas eran ya los únicos pobladores de Paso de Ganado.

Dimas deseaba a Imelda. Lo único que lo frenaba era la conciencia que él tenía de sus diferencias sociales. Ella, hija de una de las familias más antiguas de Paso de Ganado, y él, un fuereño que decidió quedarse allí a vivir para siempre sin que nadie lo invitara. Ella, viuda y adinerada; él, soltero y asalariado.

Otro problema lo detenía: Imelda era el único platillo humano disponible en el pueblo y, por lo que suponía, el apetito de su otro yo era incontrolable.

Pensó: «Lo único que puedo hacer para no comérmela es frecuentarla de día y, por las noches, amarrarme con cadenas a la cama para no salir con hambre de la casa.»

Y así comenzó el flirteo matutino con Imelda y el tormento nocturno consigo mismo encadenado. Por la tarde regaba hortalizas de granjas vecinas, ordeñaba vacas, alimentaba gallinas y saqueaba casas abandonadas para equipar mejor la suya.

Por su parte Imelda se rasuraba las axilas y las ingles con burbujas, comía bolitas de nuez y jugaba solitario. También gozaba de su amante.

Hablaron de viajar juntos algún día a Suecia, Finlandia y Bolivia. Pensaron en tener descendencia.

El amor entre ellos prometía.

Hasta que una noche, en medio del silencio sepulcral del pueblo, se alcanzó a escuchar el ruido de la respiración de Dimas –encadenado a su cama– y el de Imelda de visita nocturna a su amante.

Cuando el hombre lobo abrió sus hambrientos, desesperados ojos, sólo alcanzó a ver el brillo lunar de los dos colmillos que poco a poco se iban acercando a su cuello vulnerable.

Marina Dosal, aguafresquera

La Vaca del Camellón no era el nombre de una cantina ni el vulgar apodo de una prostituta: era una vaca de carne y hueso, de bistec y leche, apostada todas las mañanas, menos los lunes, en el camellón de la avenida.

Marina Dosal, aguafresquera –Aguamarina para unos, Marinafresca para otros–, había decidido ampliar su negocio. Adquirió una moderna hotdoguera que calentaba al mismo tiempo pan y salchicha, añadió cuatro sillas a la barra y puso en ella un bote rojo con cátsup, otro amarillo con mostaza y un vasito con rajas. Un florero verde con dos claveles blancos le sirvió como ceremonia de inauguración y como talismán (era, al fin y al cabo, una mujer sencilla). Frente a ella, en el camellón, su vaca pastaba tranquilamente.

«Vamos a la Vaca del Camellón» significaba, para quien conociera el modesto changarro, un hot dog con picante y un agua de sandía, melón o guayaba. Significaba también una conversación, por mínima que fuera, sobre la salud, el bienestar y el futuro de la vaca. Y significaba, fundamentalmente, una posibilidad, por reducida que fuera (más próxima que un premio de la lotería), de obtener los favores de Aguamarina.

Dos eran los favores de Marina Dosal: sus caricias (su amor) y sus confidencias.

Conseguir las caricias de la aguafresquera no era que digamos una labor sencilla. En realidad ni siquiera se trataba de una labor: quién sabe en qué radicaban los gustos o la intuición de Marinafresca que, sin más, elegía a su amante y confidente sin que mediaran guiños, piropos, sonrisas o influencias. Aunque el banquero Lollipau se vistiera de seda, el Mono, su empleado, podía ser quien recibiera el favor.

Las confidencias de Aguamarina, hechas al calor de sus caricias con el elegido, tenían un valor de cambio indiscutible y se daban, siempre, de la manera más natural, sin que existiera convenio alguno sino el que las historias de los otros le conferían.

También de manera natural el que empezaba era el elegido confidente, quien contaba pasajes de su vida hasta que, atrapado sin querer por su propios secretos, se disminuía al grado de desear la huida. Sin embargo, esa extraña sensación común a todos lo mantenía allí, niño hambriento, ávido de la confidencia que lo haría enormemente rico a los ojos de los demás. A los ojos, probablemente, del mismísimo banquero, de otros empleados y, con suerte, de la propia Marina Dosal, pues algún día –lo anunció, todos lo sabían– ella contaría su vida.

Tráfico de secretos, negocio de intimidades, fraudes confesos, mentiras encubiertas, abusos admitidos, perversiones reveladas. La Vaca del Camellón (lleno a todas horas) era un centro, el Centro, de la vida viva, un lugar, el Lugar, de los anhelos, los sueños, la esperanza.

Además, las caricias (el amor de Aguamarina) se proyectaban hacia el futuro como fuente de una riqueza inconmensurable. Los más, que acudían al lugar con la esperanza de ser elegidos, soñaban con las caricias de la aguafresquera: una figura enorme, voluptuosa, delicada, amable; una mujer plenamente sexual, sensual, sabia.

La clientela era mixta. A tal grado el deseo se exudaba que los matrimonios acudían juntos al changarro y consumían su hot dog y su agua de sandía con el mismo sobresalto del corazón: quien fuera el elegido, si uno de ellos lo era alguna vez, representaría un triunfo para ambos, aunque el costo fuera la exhibición de los secretos, aun los que entre ellos mismos fueran inconfesados, inconfesables.

Marina Dosal eligió a (se inclinó por) Eligio un martes a las once de la mañana. Eligio, pesimista de corazón, comía en La Vaca (él lo decía) de puro vacilón: sabía que nunca podría ser escogido por la Dueña de Todos los Sueños para compartir con él, feo y saleroso, hombre de poca monta, bala perdida que mataba ilusiones sin querer, pendenciero a ratos, su amor (sus caricias) y sus confidencias. Era, incluso, de aquellos que no soñaban con poseerla, de los pocos a quienes Esperanza no los había tocado con una sola noche de desvelo. Eligio, el dador de las despensas mensuales a los empleados del banco, el padre de dos niñas de siete y diez años, el único que contaba bien el chiste de la enfermera con amigdalitis, el Mono, como le decían.

La habitación donde Marina Dosal y Eligio tuvieron relaciones y confidencias era un cuarto humilde: una cortina de baño lo separaba del resto de la vecindad, la cama se sostenía con ladrillos, una virgen europea coronaba el lecho y un tufo (olor agradable al invitado) exhalaban las paredes (o el piso). Había de beber un poco de ron y de comer duraznos. Afuera, en un pequeño patio, la vaca se echaba, dormía en mugidos suaves, imperceptibles.

Primero hablaron de la vaca. ¿Qué come? Yerba. ¿La ordeñas? Por las mañanas. ¿Aquí vive? Sí, aquí. ¿Tú bebes su leche? La bebo y vendo la que sobra a los vecinos. ¿Es distinto su sabor al de la leche de cajita? Mañana la pruebas. ¿Dónde hace sus necesidades? En el patio o en el camellón. ¿Tiene nombre? ¿Es tu mascota? No tiene nombre y no es mi mascota, es mucho más que eso. ¿La conoces desde pequeña? No. ¿Desde cuándo? Desde que yo tenía veintitrés y ella diez. ¿La amas?

Ponerse cachondos, después de los interrogatorios de rutina, era algo sencillo: Marina y su elegido (Eligio ahora) se miraban un largo rato en silencio, empujados por el agotamiento (el vacío) de la plática. Luego Marinafresca tomaba la iniciativa: besaba a su futuro confidente en el cuello, en la frente, en las orejas, en la punta de la nariz, hasta que él tomaba la iniciativa (o eso creía) y la besaba profundamente en la boca. Por lo general, ella ponía fin al infinito besuqueo para pasar al coito. Entonces, ambos sudaban, se decían cosas de enamorados, echaban largos gritos que el vecindario dejaba pasar y que a la vaca no perturbaban. Entrelazados, con unos cuantos rasguños de pasión en las espaldas, un tanto enrojecidos por la fruición del acto, sitibundos, quizás con un cigarrillo en los labios, iniciaban el segundo acto, el complementario.

Marina le daba a su contertulio una bata (azul) para que la cohibición no echara a perder la noche. Ella, dueña de las miradas y los silencios, se cubría las piernas con la sábana y dejaba al descubierto sus senos inflados.

Como era costumbre él empezaba, luego de que Marina lo invitaba, con voz suave: «Puedes confesarte.»
Eligio –el apagado repartidor de la despensas del Banco, el padre de dos hijas, el yerno de un modesto boxeador, el empleado del mes (agosto)– vendía sus no-

ches. Las vendía especialmente (específicamente) cuando un desliz lo llevaba a gastarse la quincena con los amigos y le venía a la cabeza (entraba en conciencia de) la cara enorme y bofa de su casero con la exigencia de la renta. «Los bisteces», le dijo a Marinafresca, «los malditos bisteces... Un techo donde dormir... La escuela...»

Fríamente, con la vista clavada en la lámpara del techo (el foco), Aguamarina cuestionaba a su interlocutor: ¿A quién te vendías? A quien tuviera para pagarme. ¿Te gusta venderte? Ya no lo sé. Lo principal es el dinero, pero... ¿Gozas? Creo que sí. ¿Saben tus amigos que te vendes? Ninguno. ¿Has mezclado dinero y amor? No entiendo a qué te refieres.

Hecha su confesión, la Dosal retribuía a su elegido (Eligio) con alguna confesión de otro (el licenciado Lollipau, por ejemplo). Él también hace uso de sus noches. No las vende porque no lo necesita. En cambio, sí necesita otras cosas. Se va al hotel con La Pescada, ¿la conoces?, y le pide que lo amarre.

Al día siguiente, todos los parroquianos de La Vaca del Camellón sabían que Eligio sabía algo, y sabían también que había probado las caricias (para él, el amor) de la aguafresquera.

Lollipau, a quien llegó la noticia de que Eligio había sido el elegido, trató de hacerse el desentendido –al igual que Martino, el Robespierre y Juanito, todos con historia al lado de Marina–: ¿qué confidencia le habrá hecho al Mono? ¿De quién?

Desentendidos, sí, al principio. Porque luego, cada uno le prodigó a Eligio sus atenciones: Lollipau le dio un cheque, Martino lo convidó a merendar, el Robespierre le ofreció a su mujer –a condición de que le contara a ella cómo había sido su noche con la Vaca– y Juanito se portó dadivoso: una corbata tejida, un sello postal de Zaire, un regalo para su esposa (un bilé), una cajetilla de chicles importados y su silla, que era harto más confortable que el banco asignado a Eligio en su calidad de repartidor de despensas.

A la mujer del Robespierre le contó todo, incluida la confidencia de Marina, menos el nombre del pecador. Se cogieron como remedo detallado (por Eligio) de la noche con Marinafresca. El Robespierre esperaba afuera del cuarto, deseoso de que saliera Eligio, ansioso por conocer la confidencia por terceras personas (en este caso, su mujer).

Se sintió aliviado de que no fuera su secreto, aunque también supo que su mujer sospechaba que sí lo era.

La Vaca daba cinco litros por día. Al menos era eso lo que Marina ordeñaba de ella. Los Espronceda, sus vecinos consentidos (aunque con ellos no hubiera tenido caricias ni confidencias), le compraban dos, los Torres-Moreno, uno, los Barriga, otro, y Marina consumía el quinto y medio.

A las seis de la mañana la Dosal dejaba el vecindario y se iba a hacer los preparativos del local. La moderna hotdoguera tardaba en dar de sí.

La Fritanga, un hombre de cien kilos y con auto sport, le ofreció dinero por pasar la noche con ella (eran las ocho y quince de la mañana). Marina no respondió: Si quiere consumir, pida, si no, no haga moscas. Luego le prometió los mejores secretos: suyos y de otros. Hay gente parada, respondió la dueña de La Vaca del Camellón. Podría incluso regalarte un coche, dijo la Fritanga. Que voy a llamar a la policía, amenazó la Codiciada.

A las nueve y doce le gritó al policía del Banco, quien (creía él) ya había hecho suficientes méritos como para lograr algún día la condescendencia de la Dosal.

Lollipau estaba seguro de que Eligio sabía todo acerca de La Pescada. Lollipau lo leyó en sus ojos, en esa manera tan altanera (inédita) en que su empleado lo trataba.

Para quitarse de dudas, lo llamó a su despacho. Sé que la pasaste con Aguamarina. ¿Quién no lo sabe?, respondió Eligio con sarcasmo, hasta mis hijas lo presumen en la escuela. ¿Te besó aquí? –el banquero se llevó un dedo a la manzana de Adán. Sí. ¿La besaste aquí? –el licenciado señaló una cuarta arriba del ombligo, justo donde Marina tenía un lunar diminuto. La besé allí. ¿Qué te contó? Si me lo dices yo te cuento lo que a mí me dijo. Me contó lo de La Pescada. Me lo imaginaba –Lollipau se llevó las manos a los ojos. ¿Cuánto quieres? Claro, por tu silencio. Por ahora nada –el Mono se presionó la lengua con el índice y el pulgar–, algún día haremos tratos.

El Robespierre, por su parte, sospechaba que Juanito era el de La Pescada. Juanito, también por su parte, sabía lo de la mujer del Robespierre con Eligio y las consecuencias: que Marina le hubiera contado a Eligio su secreto –el robo de la bolsa (el dinero) de Diana Samanta, la secretaria de Lollipau, hace más de un año–, y ella a su vez al Robespierre. Juanito le regaló, por si las dudas, una playera con el escudo de los Osos, una piyama dorada y una cajetilla de gomitas importadas.

Marina le echó una buena dosis de chile habanero al hot dog que Eligio, con actitud de dueño de la casa, le pidió. Pese a que todos sabían que los favores de la Dueña se hacían sólo una vez en la vida, Eligio creía que sus relaciones con ella iban a ser más frecuentes. Se equivocó. Fue Amor, es cierto, pero de una sola noche.

Diana Samanta iba a la hotdoguería sólo los días de quincena. (Juanito le decía: Tú tienes oportunidades con Marinafresca, sólo que debes ir más seguido.) Ese viernes (7 de octubre) fue por un vaso de agua de guayaba. Marina se le acercó y le dijo al oído: Paso en la noche por ti. Antes de separarse le pasó la punta de la lengua alrededor de la órbita del ojo (izquierdo).

Fue a su casa a cambiarse (su novio, el Paco, la llevó a comprarse pantaletas nuevas). Habló con su mamá: Lo único que me saca de onda es que sería un acto de lesbianismo. Es sólo una noche, hija, no pienses que con eso te vas a acostumbrar. Además tienes al Paco. Sí, pero no sé cómo hacerlo. Tú déjate, debe ser sencillísimo.

45

A las ocho y diez (p.m.), Marina Dosal pasó por Diana Samanta a su casa. Llevaba a la vaca consigo. Mientras esperaba, el Paco insinuó que entre los tres la pasarían mejor. La aguafresquera no respondió y encendió un cigarrillo: estaba cansada. Despechado, el Paco preguntó por la salud de la vaca.

Los Espronceda (padre, madre y seis hijos) vieron pasar a Diana Samanta rumbo al cuarto de la vecina. Es la Elegida, dijo el padre al segundogénito, miradla bien. Y vaya que se arregló, está elegantísima. La mamá Barriga le sonrió a Diana y levantó el dedo pulgar en señal de apoyo.

Luego de las escenas íntimas, de índole sexual, previsibles entre ambas mujeres, la elegida se puso la bata azul y entró de lleno en la etapa de las confidencias. Una hora y diez duró la confesión de Diana, por trece minutos de la intervención de su anfitriona. Se durmieron temprano, abrazadas.

Lollipau, a quien La Pescada le decía por qué no te coges a tu secretaria, se interesó más por la señorita Samanta cuando se enteró de que había ganado las caricias de la aguafresquera. La llamó a su despacho, la sentó en sus piernas, le quitó la blusa y el brasier y le apretó ambos senos. Diana no sentía deseos, pero al fin y al cabo era su jefe. Aun así le dijo que prefería no dejarse penetrar.

Lollipau, desconcertado, se subió el zíper y le preguntó si Aguamarina le había contado su secreto. Si y no. No entiendo. Sabe usted a lo que me refiero. Sólo necesito saber si te dijo algo de La Pescada. Sí y no. (Discutían sin que Diana se percatara de que no se había puesto aún el brasier.)

Dos semanas más tarde la vaca murió en el camellón. Un cliente quiso hacer puntos con la aguafresquera, se acercó a acariciar el cadáver de la rumiante y percibió que ya no respiraba. Todos se enteraron del fallecimiento y dieron el pésame a la dueña. Fue una buena oportunidad para Lollipáu: ofreció un lugar en su rancho para enterrar a la vaca.

Al sepelio asistieron los más y los menos allegados (salvo el Robespierre, que convalecía en un hospital). Juanito llevó un arreglo; el Paco, un trío, y Diana, una fotografía de un toro que lanzó el agujero donde la vaca reposaría su muerte. Marina Dosal recibió las muestras de dolor con serenidad (iba vestida de ocasión). Sin embargo, no contestó preguntas (¿tendrá otra vaca?, ¿qué pasará con la hotdoguería?), ni aceptó propuestas (vete de vacaciones, te regalo mi perro, déjame ser tu vaca, etcétera).

No fueron vacaciones las que Marina tomó, como supusieron todos los clientes, ex amantes y ex confidentes. Tampoco estaba sumida en la depresión, como imaginaron Diana, el Robespierre y Lollipau.

Simplemente se dedicó a pensar, encerrada en su cuarto, sobre el futuro de su vida. De su vida sin la vaca. Aún tenía por delante algo que la mantendrá en pie: contar su historia.

La vaca era al menos un símbolo.

Informe negro

1. Agoté la Constitución y el Código Civil. Como no encontré ninguna ley que lo prohibiera me autonombré detective privado en una ceremonia íntima y sencilla.
2. Mandé imprimir un ciento de tarjetas de presentación con un logotipo moderno que yo mismo diseñé.
3. La sala de la casa quedó transformada en una auténtica oficina de detective. Ordené mis libros detrás del escritorio, en una vitrina que resté al mobiliario del comedor. Desempolvé un viejo sillón de familia para los clientes y dispuse el carrito-cantina junto al escritorio.
4. Pagué un anuncio en el periódico en el que ofrecía absoluta eficacia y discreción en toda índole de investigaciones.
5. Renuncié por teléfono a mi trabajo en la fábrica de clips. Mi jefe se lamentó: «Nos mete en un apuro, señor Sanabria, nadie como usted conoce esta empresa. Es una lástima.»
6. Me puse corbata nueva y un saco *sport*, eché las piernas sobre el escritorio y me entregué a la lectura del

periódico en espera de la llamada de mi primer cliente.

7. A las dos y veinte de la tarde, después de haber leído varias veces mi anuncio y de consumir todas las secciones, salí a comer. Necesitaba un trago fuerte para reanimarme.

8. Al llegar al bar colgué mi sombrero y mi gabardina en el perchero y pedí un escocés con agua mineral y dos tortas. A la tercera mordida tuve una buena idea que me permitiría autopromoverme en el bar y practicar algunas técnicas de mi nuevo oficio.

9. Le mostré al cantinero la única fotografía que llevaba en mi cartera. Un retrato reciente de mamá.

10. «No, señor», me dijo. «Personas como ella no son muy frecuentes en este lugar. ¿Es usted de la judicial?»

11. «Detective privado», le contesté. «Es posible que esta mujer haya asesinado a un hombre. Si la ve por aquí, no deje de avisarme.» Le extendí mi tarjeta.

12. Al regresar a la oficina le llamé a mamá. Mi hermana me dijo que había salido a surtir algunos pedidos de las bufandas que teje y que llegaría hasta la noche.

13. Hablé con mi hermana lo indispensable para colgar y dejar así libre la línea del teléfono.

14. Contento de mi buena actuación en el bar, me dormí con la esperanza de que el cantinero pudiera turnar mi tarjeta a alguno de sus clientes con problemas matrimoniales.

15. Me despertó el sonido del aparato. Contesté con la voz un tanto adormilada pero aún atractiva. Era Francisca, la hija de María Elena, mi ex esposa. «Tom, necesito hablar contigo», me dijo. «Es muy urgente.»

Le di cita al día siguiente por la mañana. Así podría pensar bien en una excusa para no enviarle dinero a María Elena.

16. A las ocho menos doce, luego de contemplar pacientemente la quietud del teléfono, decidí volver al bar. Un detective serio y analítico, pensé, no debería desesperarse tan pronto.

17. Me sentí un estúpido cuando le pregunté al cantinero: «¿Nada nuevo, amigo?» «No, señor. En absoluto.» Y me sirvió un martini seco en vez del escocés que le había pedido.

18. Preferí tomarme ese perfume y no reclamar. Mostré la fotografía de mamá a un hombre que bebía junto a mí en la barra.

19. Cuando supo que yo era detective se interesó más por la fotografía. Pero a pesar de los esfuerzos que hizo por repasar mentalmente todos los rostros que alguna vez había visto, no reconoció a mamá.

20. «¿Qué ha hecho?», me preguntó. «Homicidio», respondí. Intercambiamos tarjetas de presentación. Se llamaba Cornelio Campos, representante de una compañía farmacéutica.

21. Por la noche soñé que mamá entraba al bar, sacaba de su bolsa una ametralladora y acribillaba al cantinero. En respuesta, Cornelio le arrojaba una botella de whisky que se estrellaba en su blanca cabellera.

22. En el momento en que comprobaba que mi anuncio había vuelto a aparecer en el periódico llamaron a la puerta. Era Francisca.

23. Me había propuesto recibir a mi ex hijastra, a quien no veía desde hacía cinco años, con la mayor indiferencia de la que fuera capaz. Pero fue imposible:

había dejado de ser una chiquilla de quince años para transformarse en una mujer atractiva y bien dotada.

24. Tuve que disculparme e ir al baño para ruborizarme sin que ella se diera cuenta.

25. «Tom, no sabes la sorpresa que me dio encontrarme con tu nombre en el periódico.» «¿Te gusta leer los anuncios clasificados?», le pregunté con horror. «Oh, no, Tom. Déjame contarte...»

26. Me dijo que su novio había muerto la semana anterior. Según la versión oficial se había suicidado y según la suya lo habían asesinado. Le pregunté con tono escéptico cuáles eran las razones que tenía para sospechar algo tan delicado.

27. «En primer lugar Chucho no se hubiera suicidado: íbamos a casarnos en agosto. En segundo, él tenía una pistola, no había razón para matarse con un puñal. Y en tercero, Chucho me había confiado unos días antes que alguien lo había amenazado de muerte...»

28. Sus sollozos me conmovieron. Cuando por fin pudo calmarse tras un largo vaso de escocés, terminó de contarme algunos detalles importantes para la investigación, me dio una flatografia de su ex novio, con el rostro un tanto escondido por un saxofón, y me hizo una lista de las personas con las que tenía relaciones estrechas.

29. Se despidió de mí con un beso que no llegó a hacer contacto con mi mejilla y salió sin que habláramos antes de mis honorarios por conceptos profesionales.

30. Como de alguna manera tenía que empezar las investigaciones, y sin dinero eso era imposible, tuve

que llamarle a mamá para pedirle un préstamo a corto plazo.

31. «Por supuesto, hijo, puedes pasar por él cuando quieras.» Me reclamé a mí mismo las ofensas que le había hecho a su imagen. Guardé la fotografía bajo el cristal de mi escritorio.

32. Elegí al azar un nombre de la lista que elaboró Francisca. Como la casa del señor Ardiles, padre del finado, estaba muy lejos de mi oficina, decidí hacer una escala en el bar para pensar en las preguntas que le haría.

33. El cantinero miró detenidamente la fotografía de Chucho. «¿Es la víctima?» «Por supuesto», le respondí con malicia. «No, no creo haberlo visto por aquí. ¿Por qué cree usted que toda la gente de la ciudad viene a este bar? Podría intentar en otros...» Asentí con la cabeza y apuré los dos tragos que me restaban: uno de escocés y el otro de caldo de camarón.

34. El colectivo que me llevó hasta la casa del señor Ardiles tardó casi una hora en llegar. Desde que lo vi lo borré de la lista de sospechosos, pues podría tener cara de ladrón, de violador o de dentista, pero nunca de filicida.

35. «No sé por qué se le ha metido esa idea en la cabeza a Francisca», me dijo. «Chucho era un chico solitario, nervioso y con tendencia a la depresión. Su suicidio, en verdad, no me sorprendió tanto como a su madre o a sus amigos.»

36. Joaquín Junco, dueño de la miscelánea La Zorrita: «Yo también creo que lo mataron, porque ese muchacho no es de esos que se andan suicidando así porque sí. Prométame que si agarra al hijo de puta

que lo mató me va a avisar para que yo le ponga una buena madriza.»

37. Georgina Mondragón, ex novia de Chucho: «Pobre Gordito, era tan bueno... Yo no creo que se haya suicidado ni que lo hayan matado.»

38. Lucho Romo, amigo de infancia del occiso y batería del grupo de jazz: «Pinche Chucho, yo creo que se aceleró. Le voy a decir la neta, míster Sanabria: se agarró la puñalada porque ya no lo estaban surtiendo, ¿me entiende?» Por supuesto que no le entendí una sola palabra. Todo lo que me dijo eran puras incoherencias. Pobre chico.

39. Casi era medianoche cuando llegué a recoger el dinero a casa de mamá. Ella no estaba, como ya era su costumbre; me había dejado un fajo de billetes con mi hermana. Nunca pensé que las bufandas le pudieran dejar tanto. Decidí tomar sólo uno de cinco mil.

40. Eché las piernas sobre el escritorio y me puse a revisar mi libreta de apuntes. Aún no tenía ninguna pista concreta. El único comentario que me preocupaba era el de Georgina Mondragón: quizás fuera cierto que no se trataba de un suicidio o de un asesinato. Un accidente, por qué no.

41. De pronto me sentí incapaz de resolver el caso. Tuve que empujarme lo que sobró de la botella de whisky para quedarme dormido.

42. Al despertar, Francisca estaba frente a mí, con una taza de café en una mano y con mi correspondencia en la otra. Su atuendo era una provocación clara, definida, victoriosa. «Perdona que haya entrado así a tu casa, Tom. La puerta estaba abierta...»

54

43. Después de afeitarme y vestirme volví con Francisca. Me esperaba sentada en mi escritorio, con otra taza de café en las manos y con un cigarrillo en la boca.
44. «Ayer por la noche», empezó, «recibí un telegrama. Es la prueba de que no estoy loca, de que Chucho fue asesinado. Tengo miedo, Tom, mucho miedo.»
45. Lamentable suicidio (Punto) No queremos otro sensible acaecimiento (Punto) Manola.
46. «No tengo idea de quién pueda ser esa Manola, Tom. Debes creerme. También a mí me quieren matar y no sé por qué, de verdad...»
47. Apagué su llanto con un poco de brandy que sobraba en la licorera. Guardé el telegrama y le pedí a Francisca que se quedara en la oficina porque podía ser peligroso que estuviera sola en la calle. Le ofrecí mi biblioteca.
48. Antes de pasar a Telégrafos decidí darme una vuelta por la casa de la mamá de Chucho. Durante el trayecto del taxi no pude quitarme de la cabeza la figura de Francisca. Era adorable.
49. Tuve una repentina corazonada que me llevó a aventurar un comentario: «Señora Pereira», le dije, «un amigo de su hijo, un tal Lucho, me insinuó que a su hijo no lo surtían. ¿Tiene idea de a qué se refería?»
50. «Chucho era bueno, señor Sanabria, créamelo. Reconozco que tenía ese pequeño defecto. Pero lo que lo estaba hundiendo no eran las pastillas. El verdadero problema era que él servía de intermediario entre sus amigos y los vendedores de la mercancía, ¿me explico?»
51. Por supuesto que se explicaba. Ya había tenido la sospecha de que existía algo turbio en el caso: dro-

gadicción, narcotráfico, farmacodependencia. Sabía que algo tenía aquel rostro oculto tras el saxofón.

52. La señora Pereira no pudo darme alguna pista más. Al despedirme la vi tan afligida que preferí dejarle mi tarjeta en la mesa del recibidor.

53. El empleado de Telégrafos se rio de mí cuando le dije que era detective privado y que estaba buscando a la persona que había escrito el telegrama. «Usted cree que yo me dedico a leer las pendejadas que escribe la gente. Pues se equivoca, amigo, yo sólo cuento palabras y cobro el importe.»

54. Lo amenacé de complicidad en el homicidio si no cooperaba, pero solamente logré que me despidiera con un par de altisonantes insultos, a los que no respondí por ética profesional.

55. Paré en el supermercado para comprar una botella de whisky y dos órdenes de paella preparada.

56. Al entrar a la oficina, Francisca no hizo siquiera el intento de bajar las piernas de mi escritorio. La sorprendí leyendo mi correspondencia.

57. Nos miramos a los ojos un largo minuto sin decir palabra. Por fin me acerqué a ella, le arrebaté la carta que había violado, tomé su bolso y lo vacié sobre el escritorio.

58. Un bilé, un bolígrafo, un monedero, un cepillo atiborrado de cabellos rubios, un estuche de *kleenex*, un par de medias de *naylon*, dos limones y un frasquito con pastillas rojas y amarillas.

59. «No contaba con que tú me mintieras», le reclamé. «Será mejor que empieces por decirme a quién compraba Chucho esas porquerías.»

60. Por fin se dignó bajar las piernas de mi escritorio y corrió a abrazarme con todas sus fuerzas. Mi debilidad de ex padrastro ayudó a que el enojo se transformara en compasión. «Tengo miedo, Tom. Si fueron capaces de matar a Chucho, también lo harán conmigo. No dejes que me maten, por favor, Tom, no dejes que...»

61. Luego de estrenar la botella de whisky la recosté en el sillón de los clientes y le prometí no menos de una docena de veces que no la iban a matar mientras yo viviera. «No te preocupes, pequeña, Tom te va a proteger. Sólo necesitas ser buena y decirme a quién le compraba Chucho esas pastillas.»

62. «Lo acompañé varias veces con el vendedor. Le dicen Richard y, si las cosas no han cambiado, se le puede encontrar entre las cuatro y las cinco de la tarde en un bar llamado La Providencia. Es un hombre gordo, canoso, arrugado. Siempre usa botas vaqueras y tirantes. Es peligroso, Tom. No dejes que te mate.»

63. Cuando por fin la pude dejar dormida sobre el sillón de los clientes llamaron por teléfono. Era el cantinero. Dijo que la persona a la que yo buscaba se encontraba en esos momentos en su bar.

64. «¿Mamá en un bar?», me pregunté.

65. El parecido físico era sorprendente, lo reconozco, pero quienquiera que conozca a mamá no podría confundirla con semejante vulgaridad de señora. El cantinero resultó ser un poco miope en lo que se refiere a las almas humanas.

66. Sin embargo, me vi obligado a seguir el juego detectivesco para atraer a futuros clientes. La conversación con ella fue difícil, ya que Cornelio y el can-

tinero me observaban atentamente, como si de un momento a otro yo fuera a ponerle esposas a la señora y al leerle sus derechos.

67. Quizás fue el aburrimiento que me causaba la situación lo que me llevó a practicar la misma técnica que utilicé con mi ex hijastra y que tan buenos resultados me dio.

68. Con un movimiento brusco, intenté vaciar su bolso sobre la mesa. Pero, por una reacción contraria a la que tuvo Francisca, la sospechosa me estrelló en la cabeza su asqueroso vaso de vodka antes de que sus efectos personales terminaran de hacer contacto con la mesa. En cuanto me di cuenta de mi error y traté de defenderme, la señora me remató en la nariz con un golpe de cenicero que me nubló la vista.

69. Al volver en mí, Cornelio intentaba darme un trago de cerveza. «No pudimos detenerla, señor Sanabria», se disculpó el cantinero. «Estaba tan furiosa que bien hubiera podido enfrentarse sola contra un ejército. Ya lo creo que debe tratarse de una asesina peligrosa.»

70. «No se preocupen», calmé a mis afligidos interlocutores. «El verdadero asesino se encuentra en estos momentos en un bar llamado La Providencia.»

71. Cornelio se ofreció a acompañarme. Tenía un Ford cincuenta y tantos que amenazaba con dejarnos en cada esquina. Por el camino le platiqué lo poco que sabía acerca del tal Richard.

72. «No tenga miedo, mi detective», me animó. «Llevo conmigo una navaja y sé muy bien cómo usarla.» Tuve que mentirle: le aseguré que yo llevaba un revólver en la bolsa del saco.

73. A las cuatro y media llegamos a La Providencia. Ningún tipo, de los pocos que había en el bar, se parecía a la descripción que Francisca me dio del tal Richard. Ordenamos dos cervezas.

74. Mientras esperábamos el arribo del homicida, Cornelio se dedicó a platicarme la historia de su vida. Después de convencerme de que era todo un experto en el manejo de diversas armas, desde una escopeta hasta una soga, me confesó que había pasado varios años en la cárcel por haber intentado ahorcar a su esposa.

75. Empezaba a exponer las razones que lo llevaron a su frustrado intento conyugicida cuando descubrimos a Richard, con sus botas vaqueras y sus tirantes. Bebía tequila y cerveza en una mesa contigua a la nuestra.

76. Para impedir que tuviera tiempo de escaparse o de que él nos atacara primero, se me ocurrió un brillante plan, que le confié a Cornelio en secreto.

77. Con el pretexto de una supuesta ebriedad, mi compañero y yo nos subimos a la mesa con la intención de bailar el chachachá que retumbaba en el bar, pero en vez de marcar el paso saltamos felinamente sobre nuestro hombre.

78. Cornelio lo apresó del cuello y yo de la cintura. Richard no tuvo tiempo siquiera de tragar el sorbo que le había dado a su tequila.

79. «Te estamos apuntando con pistolas», le dije al verlo cegado por la sorpresa. «Un sólo movimiento en falso y no dudaremos en atravesarte las tripas, cerdo.»

80. Con voz serena, grave, inteligente, dije a todos los que se encontraban en el bar que éramos de la poli-

cía y que les pedíamos, a excepción de los empleados, que salieran de allí cuanto antes.

81. Luego obligué a Richard a que mantuviera las manos sobre el piso mientras lo registraba. Encontré una .38 especial en la bolsa del saco y una .45 en la parte trasera del pantalón. Le pasé a Cornelio la de menor calibre.

82. «Ahora vas a ser un buen chico –hostigué al tipo– y vas a salir con nosotros. Si intentas escapar, despídete para siempre de tus tequilas.» Al salir del bar tiré sobre la barra un billete de mil.

83. Me incomodaba un poco la docilidad del viejo, pues todo lo que le pedía lo acataba sin reparos. Lo subimos al Ford y, antes de interrogarlo, le dimos un paseo por calles solitarias.

84. «No somos amigos», acometí, «de eso puedes estar muy seguro. Estás acusado de homicidio, con los tres agravantes, y de narcotráfico y corrupción de menores. Y no te vamos siquiera a leer tus derechos.» «No tienen ninguna prueba contra mí», se defendió, «yo no he matado a nadie, de verdad... yo no fui.»

85. «Fue Teté», se burló con mal estilo Cornelio. «En estos momentos, Richard, te vamos a llevar a un pequeño cuartito donde se encuentran reunidos todos los amigos de Chucho, ¿lo recuerdas, cariño?», volvió a arremeter Cornelio con evidente vulgaridad, aunque no sin una cierta sutileza en su amenaza que me dejó satisfecho.

86. «Les repito que yo no maté al muchacho y que no existe ninguna prueba contra mí. Pueden hacerme lo que quieran: no escupiré nada.» Después de darle a

Richard un fuerte codazo en las costillas, Cornelio arrancó su destartalado e inofensivo Ford.

87. A fuerza de bofetadas Richard se ablandó y nos propuso un trato: nos llevaba con Manola, la verdadera asesina y jefa de la organización de narcotráfico, a cambio de su libertad. Le contesté que lo máximo que podía ofrecerle era dejarlo suelto después de atrapar a la tal Manola. En adelante, él tendría que defender esa libertad.

88. «Excelente, mi detective, excelente», dijo con admiración Cornelio, ansioso por entrar en acción y demostrarme su habilidad en el uso del cuchillo. Pronto lo desilusioné.

89. «Quizás necesitemos refuerzos para entrar en casa de Manola. No sabemos cuántos hombres puedan estar allí esperándonos. Pero no te preocupes, eso yo lo soluciono. Tengo un amigo en la policía. Tú cuida a Richard mientras yo le llamo por teléfono.»

90. El comandante Cipriano Herrera había sido durante algún tiempo el detective de la fábrica de clips. Un día lo salvé de que lo despidieran por quedarse dormido. Desde entonces prometió pagarme el favor. Cuando le dieron su nombramiento en la Policía me llamó para ponerse a mis órdenes. Marqué su número.

91. «¿Dónde puedo encontrarte, Tomás?» «Estoy en la esquina de La Paz y Revolución. Conmigo está el soplón y un amigo que ahora le apunta con la pistola.» «Tardaré unos quince minutos», me dijo, «espérame allí.»

92. Le llamé también a Francisca para pedirle que se reuniera con nosotros y pudiera así ver el desenlace del caso que me había encomendado.

93. En el Ford, Richard se encontraba con las manos fuertemente amarradas con una corbata. Cornelio le picaba las costillas con su navaja: «Trató de escaparse, Tomás, pero a mí ningún cerdo me engaña. ¿O no es cierto, Ri-car-do?», le dijo al acusado despectivamente.

94. Primero llegó Francisca, que me besó cálidamente la mejilla, y un poco después Cipriano, en un Mercedes viejo sin placas. Me abrazó con tal fuerza que cualquiera hubiera pensado que éramos dos hermanos que acababan de reencontrarse después de una guerra.

95. Jaló de los cabellos a Richard y lo metió en su Mercedes, donde lo esperaban otros tres hombres con sus respectivos rifles. «Hace varios años que estamos buscando a Manola. Así es que el favor, en realidad, me lo has hecho tú a mí. Ya sabré cómo pagártelo.»

96. Nos dirigimos hacia el sur, hasta el pueblo de Tlalpan, justo en la zona en la que pasé una buena parte de mi infancia y mi adolescencia.

97. Me vinieron a la mente las cascaritas que jugábamos de niños contra un equipo de la avenida. ¡Qué épocas!

98. Al detenerse el Mercedes, el primero en bajar fue Richard, seguido por las cuatro espaldas de la Policía. Y tras ellos, nosotros: Cornelio, desafiante, y Francisca, temerosa, bajo mi hombro.

99. Yo creo que nunca había sentido latir mi corazón tan aceleradamente. Y no era por la emoción que significaba acercarme con éxito al término de mi primer trabajo como detective, sino por la sorpresa que el destino me tenía reservada.

100. Al abrirse la puerta de la casa señalada por Richard, mis ojos se llenaron de lágrimas al mismo tiempo que Cornelio gritaba jubiloso: «Es ella, Tomás, la de la fotografía. ¡La encontramos!»

Nunca en domingo

1. Me repugna la gorda que vive arriba.
2. Diana me informa que va a salir con los niños al parque. Para que no haya pleito, finjo interesarme: «abrígalos», le digo.
3. «¡Con este calor!», se enfurece conmigo.
4. Odio los domingos y los lunes. Hoy es domingo.
5. La gorda se está bañando. Lo sé porque escucho el sonido de la regadera. Imagino que se pasa el jabón por entre sus fofas carnes, que deben bailarle en oleadas de un lado al otro. Su ombligo.
6. El corazón me salta cuando paso cerca del escondite que elegí para guardar el arco y las flechas.
7. Voy al espejo: hoy debo comportarme de la manera más natural. Soy el mismo de siempre.
8. Mientras tomo un vaso de leche, recuerdo mi sueño de ayer: una tribu de pieles rojas me persigue a caballo.
9. El tiempo se ha ido y Diana y los niños están de regreso. Sé que no tarda en llegar la pregunta de los domingos.
10. «¿Y hoy qué vamos a hacer?» Lo dice con una pequeña dosis de esperanza que me enternece.

11. «Que los niños vean la tele, tú prepara algo de comer y déjame a mí decidir qué hago con mi tiempo», respondo de buenas maneras.

12. Diana se enfurece, dice que nunca hacemos nada, que nuestra vida es aburrida, que ya no me aguanta, que los niños necesitan salir.

13. «Ya fueron al parque», argumento.

14. Diana y los niños se van a casa de mis suegros a comer, a platicar y a ver la tele. Como todos los domingos, le digo que luego los alcanzo.

15. Dos tequilas.

16. Oigo unos brinquitos: la gorda debe estar haciendo sus ejercicios. Imagino que mientras brinca se sostiene con las manos sus dos pechotes.

17. Paso rápidamente cerca del espejo y voy por el arma al escondite: supongo que ya decidido no será difícil hacer lo que tengo que hacer. Lo que debo hacer.

18. Me calzo los guantes de piel.

19. Toco el timbre y la gorda abre: tubos en la cabeza, bata satinada, pantuflas recortadas que dejan al descubierto sus dedotes, olor a perfume barato y esa sonrisita que tanto me repugna.

20. «Pásele, señor Botas, pásele. ¿Quiere un tecito? ¿O un trago, eh...? Tengo un tequilita buenísimo.»

21. Dejo que me sirva el tequila, pues supongo que algo habrá de ritual en ese gesto.

22. «¿De caza?», me pregunta al percatarse del arco y la flecha.

23. «Al zoológico», bromeo.

24. Tranquilamente dispongo la flecha en el arco y tenso el hilo. Al verme, ella responde con risitas y contoneos sensuales.

25. Suelto la cuerda.
26. El proyectil acierta en el centro. Interesa sin duda el órgano vital.
27. Al caer, la gorda se da un golpe, definitivamente mortal, contra el filo de la mesa. El cristal se rompe.
28. Compruebo que no tiene pulso.
29. Está muerta. Su bocota.
30. Antes de abandonar el lugar revuelvo los cajones, robo su dinero y sus joyas y dejo muestras de violencia.
31. Reparto a lo largo del departamento las falsas pistas que llevaba conmigo: un botón violeta, unas cáscaras de naranja, colillas de cigarros y plumas de gallina, todo recogido en la calle, la oficina y la basura.
32. Retiro la copa donde tomé el tequila.
33. Sigue siendo domingo.
34. Me apresuro a seguir con mi plan: revuelvo cajones de mi casa, robo mi propio dinero y las joyas de Diana, y dejo allí, como al descuido, más cáscaras de naranja, colillas y plumas de gallina.
35. Salgo luego a esconder las evidencias: arco y flechas, copa de tequila, guantes, dinero, joyas.
36. Cavo un hoyo profundo en un lote baldío que está a la vuelta del edificio. Queda allí enterrada mi suerte.
37. Más tarde, Diana platica con su mamá acerca de las vecinas lesbianas, los niños destruyen las plantas del jardín, mi suegro y yo bebemos coñac y jugamos ajedrez.
38. Luego hablamos de la vida.
39. Luego encendemos la chimenea.
40. Luego tomamos más coñac.
41. «Es hora de irnos», anuncia Diana a la misma hora

en que lo hace todos los domingos. Al salir, nos topamos con una de las lesbianas.

42. Se me antoja invitar a los niños a comer un helado, pero me contengo para que no se note en mí nada anormal.

43. «¡Nos han robado!», chilla Diana al llegar a la casa. Los niños también chillan antes de comprobar que a ellos nadie les ha robado nada.

44. La autopista de Margarito está donde siempre, las muñecas de Dianita en su baúl.

45. «¡Mis joyas!», me reclama Diana, como si yo me las hubiera robado.

46. «Avisemos a la policía», se me ocurre.

47. Cuando el comandante Cipriano Herrera y sus hombres se presentan, aún no hemos terminado de revisar qué más falta.

48. A Margarito le impresionan las pistolas.

49. A mí no. Empero, trato de que se me vea nervioso.

50. Muchas preguntas, unas estúpidas y otras no.

51. «Todas mis joyas», contesta Diana. «El dinero», añado yo.

52. «¿Cuánto era?» «Como novecientos en efectivo y un cheque al portador por doscientos.»

53. Le muestro las colillas, las plumas y las cáscaras de naranja.

54. «Son pistas», asegura Herrera.

55. Paráfrasis: «Las pistas dejadas en el lugar del crimen son ladridos de perro que atraen a los culpables.» A mí no.

56. «Preguntemos a los vecinos», sugiere el comandante.

57. «Sólo hay dos: la flaca de abajo y la gorda de arriba», bromeo.

58. La puerta de la gorda está abierta.

59. Ella, tirada y muerta; el departamento, en desorden.

60. «Le rompieron el corazón», dice uno de los hombres de Herrera, al parecer un perito experimentado.

61. Imaginan lo peor y corren a llamar a la puerta de la flaca. Como nadie responde, deciden derribarla. Ella no está y el departamento se encuentra en orden. Revisan todo.

62. Veo que el comandante Herrera se echa a la bolsa un cigarro de marihuana a medio consumir.

63. Uno de sus hombres prefiere un perrito de porcelana.

64. «Habrá interrogatorios», nos advierte antes de irse.

65. Lunes. Detesto los lunes.

66. En la oficina me encuentro con un altero de pendientes: soy el gerente de una sucursal de banco, el cuarto del país.

67. Le echo un ojo a la relación del activo fijo, acuerdo con el jefe de cobranzas, apruebo el arreglo navideño, atiendo a un cliente con problemas de liquidez.

68. Salgo a comer con Milagros, la cajera de la 3.

69. Tarde de hotel, relaciones, tele, vodka con piña, más relaciones.

70. Lunes por la noche con Diana y los niños. Ella teje y me reclama cosas de los dos. Ellos beben chocolate frente al televisor y se sacan los mocos.

71. Diana dice entre llantitos: «Se llevaron a la gorda en la mañana. Vinieron unos camilleros y se la llevaron. La pobre. Tan buena gente.»

72. Dice también que la interrogaron una hora los de la policía. Les platicó que a mí me caía mal la occisa y que yo era un paranoico. Mi vida y mis problemas en las libretas de la policía.

73. El martes, antes de las ocho de la mañana. Herrera me pregunta que dónde quiero que me interroguen, en mi casa o en la delegación.

74. «¡En la delegación!»

75. No saben interrogar. Sólo una de sus preguntas hizo mella en mi integridad: «¿Quiere a su mujer?»

76. Al mediodía, me doy cuenta de que Milagros lleva un saco color violeta al que le falta un botón. Hago memoria: esa pista la recogí en la oficina.

77. La invito al hotel, dice que ya le bajó, le digo que no importa, acepta. Mientras ella baja a comprar unos cigarros yo hago perdedizo el saco. «Alguien me lo robó», se lamenta. Le digo que le voy a comprar otro, se enternece.

78. Por la tarde me doy una escapadita para enterrar el saco en el mismo lugar donde reposan las evidencias.

79. Siento que alguien me sigue. Me digo: «Es mi paranoia.»

80. Martes por la noche en familia. Diana arma un rompecabezas y me dice que tiene miedo. Los niños juegan parkasé.

81. Miércoles, 8:30. El comandante Herrera se apersona y me dice que agarraron al culpable. Le pido que me lo pruebe.

82. Dice que se trata de un ladronzuelo que vive a una cuadra del edificio. Le encontraron las cosas robadas.

83. Las joyas de la gorda, las joyas de Diana, el dinero, mis guantes, el saco sin botón (se lo había regalado a una hermana).

84. «Dijo que se encontró las cosas en un terreno baldío. Además sabemos de buena fuente que le gustan las naranjas y que el domingo comieron en su casa

una gallina que él mismo desplumó. ¿Quiere más pruebas?»

85. «Sí, no tiene por qué no creerle su versión.»

86. «Tiene antecedentes», remata.

87. «A lo mejor ya estaba rehabilitado», contraataco.

88. Lo dejo ir con sus torpes deducciones.

89. Noche de miércoles con insomnio: recreo la imagen de la gorda, boca arriba, con la flecha en el centro; imagino al joven rehabilitado en los separos de la policía; lo interrogan bajo la luz de un foco amarillo; pienso en la justicia y en la cárcel; recuerdo que tengo que comprarle un saco a Milagros.

90. Jueves: decido entregarme.

91. El comandante Herrera y sus hombres me dicen que soy un paranoico. Una hora y media de inútiles discusiones.

92. Quedo convencido de mi inocencia.

93. Diana y los niños ven la tele y comen salami.

94. Viernes: compro un saco lila para Milagros. Le queda algo grande.

95. Pesadilla: en una gran sartén se derrite la gorda: es un aceite rojo bastante espeso; alguien me encuera y me echa a la sartén. Cuando empiezo a freírme me despierto.

96. Mañana de sábado con mucho sol y pajaritos. Diana me deja a los niños mientras va al súper. Los pongo a jugar soldaditos y luego les pido que se duerman.

97. No me hacen caso. Nadie me hace caso.

98. Diana me pide que vayamos a la feria.

99. Ya no la tolero.

100. Domingo.

Hacia el subterráneo

Junto a una tienda de discos. Alex propone una dirección, pero es el Tigre quien decide: dos cuadras más y a la derecha, otras dos a la izquierda, hasta topar con el *square*. Luego un silbido, una espera de diez minutos, y si el armenio no aparece, rumbo al subterráneo para ejecutar el plan de Alex. En el aparador de la tienda se repite una portada: un negro inflado y brillante a punto de soplar un saxo.

En el square. Es el Tigre quien silba. Alex está perceptiblemente ensimismado, distraído. Ante tan remota posibilidad de éxito, la espera que se habían fijado les parece excesiva, aunque ninguno de los dos se atreve a sugerir un cambio. Pasan cinco fríos minutos antes de que el armenio salga de un bar (oeste), los reconozca y se dirija hacia ellos. Lleva puesto su aburrido abrigo azul, bufanda turquí y guantes beige. Sin moverse, con las manos en las bolsas, Alex y el Tigre observan al armenio: un mismo punto de fuga que se acerca con pasos cansados. El triángulo se cierra por fin y la ciudad, ahora, es la boca grande y gris de un embudo.

71

Hacia el subterráneo. Los tres caminan sin cruzar palabra. Gris el pavimento, las nubes, el pelo de los ancianos, la camisa del armenio y los tonos del invierno. Alex canta y tararea una famosa pieza de JM ante los gestos desarticulados e inofensivos de un punk color malva que pasa cerca de él. Pero Alex no advierte al personaje: mira hacia sus zapatos y eleva el volumen de sus armónicos gritos. Su larga cabellera avanza con él, lo persigue, se aleja con un repentino golpe de aire helado. Vuelta en la esuina: el viento se corta y el pelo cae revuelto y abundante sobre su espalda.

Frente a una puerta giratoria. Dubitativos, despreocupados, juegan al «ajedrez de las miradas». Deciden:

En un bar (este). Los tres gruesos abrigos cuelgan de diferentes perchas. Dos azules, uno café. El Tigre anima la barra con una amena conversación acerca de la música (en general), el rock (en particular) y José A. (como ejemplo). Piden más cerveza clara a través de la correcta pronunciación de Alex. La *barwoman* sabe mucho de la historia del cine. Por eso ríe amigablemente. Las tres espaldas.

En la puerta giratoria del bar. El frío es un verdadero estímulo para Alex. Con renovada energía vuelve a cantar a JM.

Hacia el subterráneo. Bien arropados, con la placidez que regala el bourbon a los rostros, Alex, el Tigre y el armenio se detienen frente al aparador de una tienda de discos que no habían advertido durante sus largos recorridos por esa misma calle. El Tigre husmea felinamente, hasta que descubre un ojo femenino que lo mira desde una portada. Entran. En la tienda de discos el armenio aprovecha para encender un gitano con boquilla, que pronto le obligan a apagar. Y para imaginar un iglú rosado y carnoso suspendido en el aire caliente de la tienda. Una punk contrahecha menea su cola de diablo. Salen (Salem). El Tigre y Alex con delgados paquetes bajo el brazo. Alex no puede esperar a llegar al cuarto del hotel para recordar los grifos y las cadenas que ilustran la portada del disco. El récord.

En el cuarto del hotel. Escocés. El armenio sube al décimo piso por el hielo y las sodas. Ligero, cómplice del estío, en camisa y chaleco, piensa en el costo, el trabajo de instalación y las calidades de los aparatos de calefacción que hacen del hotel una playa de veraneo. Allá por Nayarit. Las ventajas, las superventajas de una metrópoli moderna. Mientras tanto, Alex abre en dos la portada terracota de su bidisco y en voz alta recita algunas de las letras de canciones elegidas al azar. Un gran sentimiento se apodera de él. Luego una nostalgia terrible por aquel singular rincón de su casa que se llama *tocadiscos*. Y más tarde, epilepsia, el bien del siglo. El Tigre se despereza como rascacielos, restira las ventanas de su camisa escocesa. Luego toma una toalla y frota con ella los bordes plásticos de sus nuevos discos. Los guarda junto a los otros que ha ido acumulando a lo largo de esos días neoyorkinos. Va al baño. El armenio bebe mientras hojea una revista pornográfica. Dice algo de unos muslos. Nadie lo escucha. De tanto sentimiento Alex llora. O eso parece.

En el baño del cuarto del hotel. El Tigre extiende su nueva pasta dental sobre su viejo cepillo de cerdas punk. Se frota rítmicamente las piezas con el instrumento, seguro, como si ningún accidente pudiera modificar el orden regular de su cotidiano ejercicio. Las rutas platinadas de los molares. Escupe sobre el lavabo una abundante espuma azul y luego la huele.

En el espejo del baño del cuarto del hotel. El Tigre sonríe.

Hacia el subterráneo. Son las siete con treinta y tres minutos de una noche particularmente helada. Las sensibles puertas del hotel se abren automáticamente con un decidido y fundamental paso de Alex. El armenio se registra: soba la bolsa trasera de su pantalón y percibe apenas el bulto que hacen los tres boletos del concierto de rock. Por común acuerdo han decidido tomar el subterráneo a caminar las catorce cuadras que los separan del auditorio. Con ese frío más vale llegar temprano (unos veinte minutos antes) que témpano (cinco después). Caminan. Una mujer, apostada en la barra de un bar, los mira a través del cristal y piensa que en verdad los tres son felices. En cambio un niño de color, que casi tropieza con el armenio, pasa de largo, indiferente.

Alex dibuja con los labios a JM y hace los movimientos, de pies, manos y cabeza, de quien toca el requinto en el Madison Square Garden. Sólo la mujer del bar imagina los acordes, seguramente agudos, que arroja el aparato eléctrico de Alex, porque ni el Tigre ni el armenio se han dado cuenta del concierto. El bar (y la mujer) se quedan atrás cuando, precisamente, deberían haber estallado los aplausos, los gritos y los silbidos.

A una cuadra del subterráneo. Al armenio se le eriza la flora estomacal: tiene hambre. Calculan los minutos, los pasos, el apetito y el dinero.

En un restaurante (oeste). Dos sándwiches del cuatro y uno del dos, tres cervezas de conocida marca y pepinillos agrios. Los tres abrigos cuelgan de la misma percha. El Tigre lame un pepinillo mientras el armenio platica cosas fundamentales y trascendentes, incluso una experiencia vital y sumamente intensa. Alex saborea su sándwich del dos ante la maternal mirada de una enana sencilla. La mesa contigua.

Hacia el subterráneo. Alex mira su reloj y da la noticia: se ha hecho tarde. Demasiado. Lo dice de la misma manera que si dijera deliberadamente *un sándwich del dos*, o como si pensara de golpe en la mayoría de los terapeutas del mundo, en el gobernador de Massachusetts o en los dueños de las fábricas de helados italianos, los *gelatti*. No sin antes adoptar una mueca felina y decir

75

The Tiger, el Tigre lanza al viento un sincero quejido. El armenio, sin embargo, decidido a cortar de raíz el lamento y la pesadumbre de sus contertulios, sugiere otra actividad: seguir el plan que antes propuso Alex. Aceptado. Caminan en sentido contrario, hacia otra línea (la rosa) del subterráneo. *Uptown.*

Hacia el subterráneo (línea rosa). La conversación se anima con intervenciones equitativas, desordenadas. El armenio platica una experiencia sexual. El *Tigre* platica una experiencia sexual. Alex platica una experiencia de amor y pasión. Lo que da vida fundamental a los relatos son los detalles. Ríen con tal vergüenza que cualquiera (la mujer que viene en sentido contrario a ellos cantando *The End*) pensaría que han compartido esas increíbles experiencias. Los tres.

En un buzón de la calle 14. Una carta perfumada que Alex envía a Carolina del Sur.

A cuatro pasos del aparador de una librería (ligeramente) oeste. La escalera que los habría conducido a un vagón de la línea rosa del subterráneo se ha quedado atrás. Con precisión: dos cuadras en contraesquina. Caras inquietas, excitadas, del lado frío del aparador; ojos *ídem* mas danzantes, leve castañeteo de los dientes. (¿Esos números son precios, Mr. Farenheit?)

En el lado aclimatado de la librería. Portadas, cascadas de libros, destellos de estaño, una pantalla con números (temperatura y hora), cifras rojas y negras, letreros. El armenio señala una portada: seis ojos descargan la batería de sus niñas sobre un libro de fondo negro con letras blancas. Poemas de P. S. Más títulos y gangas.

En la caja registradora. El *Tigre* explica algunos detalles oscuros de la vida de Marianne Faithfful que el armenio desconocía. Al tiempo que engulle castañas, Alex asiente y de vez en cuando puntualiza con adjetivos e hipérboles, añade datos y manifiesta sus diferencias de opinión. Un sirio que alcanza a escuchar un fragmento de la conversación los mira con inteligencia. Luego los olvida para siempre.

En un bar oeste. Son casi las once de la noche. Alex, el armenio y el *Tigre* están sentados frente a una barra. Un lugar excepcional con luces intermitentes. Piden bebidas distintas: un escocés con soda, un licor de melón y un bourbon en las rocas. En una barra paralela, más amplia y cercana a los espejos adheridos a la pared, tres mujeres bailan. Con pequeños (la una), medianos (la otra) y frondosos (la tercera) pechos, las mujeres provocan ondulaciones rítmicas en los espejos y en los ojos despiertos de los espectadores. Sin duda, la fiesta de trapecios ópticos resbala a la boca, cae fresca al estómago, tibia al vientre, encendida al sexo, regresa a las retinas, se alimenta de puntos, estalla en los oídos. Alex canta disimuladamente la misma pieza que retumbaba en el bar, al tiempo que finiquita su copa y exige que se la repongan. Afina, sube el volumen.

Sobre la barra del bar oeste. Erguido desgreñado, sobre la pista de la barra, Alex canta con fuerza. Sostiene su copa vacía como si fuera un micrófono. Una empleada trata de bajarlo con palabras cariñosas, pero Alex (colmado de sí) no cede. Las bailarinas se descontrolan, pierden algunos pasos, y luego reinician con normalidad sus escarceos festivos. Los versos de JM., a través del volumen y la correcta pronunciación de Alex, se empalman con los de la grabación (¿quién reproduce a quién?), llegan a todos los oídos e incluso salen sin dificultad de las puertas del bar. Ahora un salto felino: el *Tigre* se incorpora al concierto. Un dúo que se entrega con pasión a sus dos micrófonos de cristal. El armenio, aún sentado, improvisa sobre la barra una combinación de tumbas y batería al ritmo que le marcan los espejos, los senos de las bailarinas y la ondulante cabellera de Alex.

Del otro lado de la barra del bar oeste. Alex pega un brinco hasta la barra que ocupan las bailarinas; el micrófono vacío aún entre sus manos. Aprovecha el silencio de la grabación para entonar nuevamente a JM. El pequeño auditorio del bar golpea la barra, los vasos, el suelo. Unos cantan y aplauden, otros silban y bailan sobre la mesa. El *Tigre* y el armenio pegan juntos un brinco hasta el escenario donde Alex besa sin pudor a una bailarina japonesa (la de medianos pechos). El *Tigre* se retuerce en el bajo, luego rompe su instrumento imaginario contra el estrado de madera y arroja los restos a una chica que lo mira con veneración. El armenio baila escandalosamente. Alex.

Hacia el subterráneo. El auditorio del bar, los empleados y las nudas bailarinas salen a la calle encabezados por Alex, el *Tigre* y el armenio. Rumbo al subterráneo. La canción de JM. Ondea violentamente en el aire, envuelve las dos torres, hacia el sur, y el parque, como mesa de centro, hacia el norte, se cuela por todas las calles numeradas, hasta la 92, y por varias calles con nombre, hasta Christopher St. Los transeúntes que observan la caravana se unen al conjunto con instrumentos improvisados: un punk anaranjado golpea latas vacías, un viejo soba los cristales de los aparadores, un gaucho se sienta de golpe en el piano de su casa, un tirano y sus guardaespaldas mordizquean ruidosamente *hot pretzels*, un grupo de jóvenes abogados de Wall Street acompaña con tubas y contrabajos y un equipo de futbol puertorriqueño rompe contra el pavimento botellas de Bacardí. Del doceavo piso de un edificio sale el sonido de una trompeta imaginaria.

En las escaleras del subterráneo. Alex, el *Tigre* & el armenio.

Lina Luna, oaxaqueña, en la prisión

Cidrolín abrió un ojo: no había amanecido.
Abrió el otro ojo: todavía era de noche.

Raymond Queneau
Las flores azules

Como Lina Luna no se siente del todo bien ha decidido no trabajar hoy en el taller de marroquinería. Arguye ante la celadora un malestar general. En efecto, Lina Luna tiene algo que aún no puede identificar. ¿Cómo alfileres en todas partes del cuerpo? ¿Cómo un continuo extirpar pelos de raíz?

Tiene la celda para ella sola hasta que llegue a molestar La Queca, queretana y gorda, con su puro y su penetrante olor a hígado encebollado.

Lina se recuesta en la cama. Repasa con los ojos el graffiti de la pared ancha. Se concentra un momento en el bosquejo de rostro masculino, entre lobo y caballo, que siempre ha logrado distinguir en la mugre de la pared verde. Luego se levanta, se mira en el espejo, se cepilla. Decide escribir una carta a su hijo, oaxaqueño que vive en Quebec y que no sabe –ni sabrá nunca– que Linamama está en la cárcel estatal desde hace ocho meses.

Poco emocionada, más bien abúlica, le escribe que quién crees que vino a cenar anoche a casa, y luego todo un chorizo sentimental acerca de Fernandito, el hijo de los Polanco, antropólogos dominicanos que estudian costumbres y lenguas vernáculas.

Lina Luna rubrica, dobla, mete, ensaliva rotula y timbra.

Llega La Queca envuelta por su halo de puro barato. Pero Lina, como en los tiempos en que hacía teatro ante los abuelos del asilo de Toluca, le representa un buen papel. Se soba el vientre, menea la cabeza, suelta los párpados, amorata los dedos de las manos, inyecta los ojos, encorva la vertical, tira baba. La Queca le cree migraña, bochorno, náuseas, cólico, secreciones desagradables al olfato, fiebre. Decide no permanecer más tiempo allí expuesta a un seguro contagio disentérico. Sale de la celda con el propósito de molestar a otra; a La Muerta quizás. Pero no sin antes violar la intimidad de su compañera de encierro: le ha hurtado a la pobre de Lina su carta.

En el patio, La Queca desembolsa, rasga, saca, desdobla y lee lo de la cena con Fernandito. Están presentes La Muerta, Berenice, Socorrito y Las Mellizas, todas jocosas por la gracia que les provoca la carta y por el relato exagerado y bien actuado que La Queca hace de los síntomas que padece Lina.

Mientras tanto, al son de un bolero deformado por su radiecito de transistores, Lina Luna reconstruye ante el espejo su cuerpo y su cara. Deshace sus trenzas canas, chupa el *lipstick* cremoso de sus labios carmesís, depila una ceja solitaria, ensaya un beso provocativo, sonríe, canta:

Dos almas que en el mundo
había unido Dios,
dos almas que se amaban,
eso éramos tú y yo.

81

Luego saca del viejo baúl que le regaló su abuelo algunos recuerdos: un vestido de mariposita (tafeta amarilla con lentejuelas doradas y rojas) que había usado de niña, una muñeca de trapo, las primeras gafas de su hijo, un escapulario, la fotografía de Paul Newman impresa en tinta sepia, una copa rosada con motivos alpinos, el acta de defunción de su marido.

Y como Lina es una mujer a la que los recuerdos le afectan muchísimo, cierra el baúl de un golpe y llora un poco. Abraza el vestido de mariposita como si aún estuviera habitado por la hermosa niña que fue, y sigue llorando. Mira la celda, ese asqueroso cuarto verde, el repugnante hombre entre caballo y lobo; mira sus manos cortadas, secas, inútiles; mira una fotografía de su hijo en medio de un campo nevado, con la gorra que ella le tejió para sus veintiún años, y Lina llora, llora espantosamente.

«Es mejor cerrar los ojos –se dice–, y no volver la vista más hacia el pasado.» Un momento de verdadero arrebato la lleva a depositar en el baúl la llave de acceso a sus recuerdos, para luego cerrar el candado con espíritu fatalista.

Para calmar sus ánimos y no sentirse tan sola, decide escribir otra carta a su hijo. Pero ahora con sentimientos elevados, con filosofía:

«El trinar de los gráciles pajarillos, hijo, colma la bruma que cae sobre este cándido arroyuelo que tú solías visitar de pequeño. Es hermoso mirarlo, dejarse bañar por el frescor almendrado que despide. Nuestra vasta campiña, ¿la recuerdas?, acoge ahora el dulce lamentar de dos pastores y cobija con delicadeza mis más remotas esperanzas. Bajo esta lluvia cristalina y terca, titilante, hijo mío, pura, estoy llena de mí misma, colmada, firmemente erguida, enhiesta en el centro de este bosque de símbolos que el hombre ha creado como señal de su poderío sobre la Tierra. El hombre, querido hijo, ese animal pensante, rey absoluto de la creación. El hombre..., tan bien descripto por Martin Buber. El hombre, acaso un puente tendido entre la bestia...», Lina enciende un cigarrillo, lo chupa y continúa: «..., hijo, y el superhombre.»

La Queca llega otra vez. Perversa, inmisericorde, con un pañuelo en la boca que la proteja de microbios, le exige a Lina que le entregue la carta que ha estado escribiendo. Lina se aferra al papel, pero La Queca –que había obtenido medalla de bronce en el campeonato nacional de lucha grecorromana– lo arranca con violencia de sus débiles manos y sale triunfante de la celda.

En el taller de *petit point* La Queca irrumpe a gritos. Recita a todo volumen la carta. Las demás presidiarias ríen a carcajadas. La Muerta, protegiendo con el brazo su abultado bocio, se tira al piso de tanto júbilo, y Chelito, que aunque abortera empírica se considera a sí misma íntegra en su apreciación del mundo que la rodea, aventura un comentario:

«La Lina quiere absolutizar la vida en el interior de su existencia.» Berenice pide quedarse con la carta y La Manotas promete regodearse todos los días con el recuerdo de tan sentidas palabras.

En su celda, Lina Luna sabe hasta lo más hondo que la han jodido, pero no quiere deprimirse. Ya es suficiente padecimiento lo de las agujitas en el cuerpo y los recuerdos de su vida, las mentiras y las falsedades. Grita: «¡basta!». Y cae al suelo empapada por las lágrimas.

Cuando intenta incorporarse nota que la primera carta que le escribió a su hijo también fue hurtada por la naca gorda queretana. Eso la deprime aún más. Por eso toma un nembutal. Por eso toma uno más. Otro. El frasco entero. Por eso mismo va al botiquín y toma un nobrium, luego flavit, nordiol, alka-seltzer, norforms, pentrexil, terramicina, champú, merthiolate.

Lina Luna se pone morada (poco a poco). Lila, púrpura, violeta, magenta subido. Por los fármacos ingeridos. Lo demás solamente la empanzurra. Tiene la boca seca por tomar tanto champú. Minutos después pierde el conocimiento.

La enfermera de la prisión reanima a Lina con un poco de éter. Camino a la enfermería le cuenta que escuchó de labios de La Queca el contenido de su carta. Y le recuerda, casi palabra por palabra, lo que la pobre Lina escribió en esos momentos de arrebato. Lina Luna sonríe ante el gesto de aprobación e indulgencia que Las Mellizas y Berenice le regalan en señal de despedida.

Después de practicarle un ortodoxo lavado estomacal, Lina no reacciona. La enfermera, haciendo memoria de los conocimientos adquiridos en Introducción a los Primeros Auxilios y en Terapéutica II, se inclina por zarandearla. Pero Lina no despierta. Por la noche los médicos de Traumatología deciden operarla. Muere.

Aunque asesinó con arma punzocortante a su marido, podría afirmarse que fue demasiado humana, demasiado.

La averiada vida de un hombre muerto

1. Alguna vez estuve metido en el fango.
2. Estaba enterado de que había droga de por medio.
3. Un hombre de estatura mediana y con sombrero de plumas me advirtió en una cantina que meterse en eso era riesgoso. Me dijo también que la cárcel era la cárcel y que era muy desagradable.
4. Comoquiera, olvidé pronto sus palabras y me metí.
5. La señora González, que también estaba en el lodo, me convidó a comer un postre extraño en su finca y luego me explicó cómo enfangarme.
6. No era tan complicado, pero tampoco tan fácil como me lo habían platicado.
7. El Chesterton, como le decían, me condujo en su lujoso auto a la pista de aterrizaje.
8. Volé como cinco horas en un avioncito gracioso al lado de un piloto cacarizo de nombre Ernesto, hombre de amplia experiencia.
9. Dimos las bolsas que transportábamos a un tipo bajito y no nos pagó nada. Ernesto me explicó que así eran las cosas en el mundo de la droga. Aceptó y yo acepté, pues él era hombre de experiencia.
10. Y por supuesto que no hubo problema, ya que me

pagaron el dinero que me habían prometido y volví a casa cargado de billetes.

11. El Sapo, mi hijo, presumió en su escuela que ya éramos adinerados y mostró su bicicleta nueva. Luego le puse un diente de oro y le compré un reloj y una cadena.

12. La Comadre, que era mi esposa, puso una taquería en el centro y empezó a juntarse con la señora Dominga y sus amigas, que la verdad son gente muy de respeto por aquí. Son las primeras que comulgan en la parroquia.

13. Luego el Chesterton me dijo que había un nuevo trabajo. Como el dinerito que había ganado empezaba a menguar, acepté y le pedí que me mandara con Ernesto porque ya éramos amigos.

14. Pero las cosas ya habían cambiado: se trataba de que viajara en un avión comercial haciéndome pasar por un gran artista. En mi pasaporte decía que me llamaba Julián Jorge de la Llata Vizcaíno.

15. Y para qué más que la verdad: lo hice tal y como el Chesterton me lo pidió. Entregué a un señor de corbata verde, lentes oscuros y un chipote rojo en la frente mi estuche de guitarra lleno de bolsitas.

16. La gran feria que me dieron la invertí en un vestido de flores azules y amarillas para la Comadre, en una chamarra de cuero para el Sapo y en algunos terrenitos.

17. El señor párroco me pidió, cuando fui a confesarme, que lo fuera a ver por la tarde.

18. Entonces me explicó por qué era malo estar metido en el fango y prometió ayudarme a enderezar mi vida. Yo también lo ayudé con una buena limosna.

19. Me costó mucho trabajo arrepentirme de lo que ya había hecho y ni modo. Y también aprender a ser el monaguillo de la parroquia.

20. El Sapo estaba tan orgulloso que me presumía con sus amiguitos. Casi todos se desvivían por comulgar conmigo los domingos.

21. Menos la Chacha, cuyos padres eran evangelistas o mahometanos o musulmanes y no gustaban de nuestras tradiciones.

22. Me cayó entonces de sopetón la mala racha: no sé qué onda con los demás, pero al menos para mí abril es el mes más cruel. Me pasaron cuantas cosas pueda uno imaginarse y más. Desde el desmayo que sufrí en plena eucaristía hasta el paludismo del Sapo, el robo de los borreguitos, la muerte por agua de la niña que nos llevaba los jacintos, la milpa anegada y el horrible silencio que se oía los domingos. Incluso se nos murió el gerente del banco.

23. El Chesterton me dijo que si yo ya estaba en el negocio no podía zafarme de él. Le expliqué lo mismo que me explicó el párroco y me dijo que eran puras tonterías y que para él yo no era un hombre imbécil. Escupió al piso y sin querer le atinó a mi zapato.

24. Le pedí que me dejara pensarlo. Lo consulté primero con mi papá –quien me empujó a aceptar el trato–, y luego con el párroco –quien me contó cómo era la vida en el temido infierno. Al fin deseché la oferta del Chesterton al día siguiente.

25. La Comadre le presumió a todo el pueblo que yo me había negado. Y recibió a cambio muestras de verdadero cariño y respeto.

26. Entonces me pidieron que fuera el nuevo presidente municipal. La verdad me sentí muy halagado. Hasta la señora Dominga me dio su voto de confianza y preparó dos gallinas rellenas para convencerme.

27. Cuando el párroco se enteró de que yo había aceptado, me dio su bendición y me dijo que le entrara a ese toro con responsabilidad y con fe en el gran Juicio que estaba por llegar.

28. Entré en funciones en junio, ya muy lejos del fatídico abril.

29. Mi nuevo trabajo consistía en dar despensas y en ayudar a la parroquia, en ordenar que les cortaran las manos a los rateros de ganado y en ser el primero en cantar el himno todos los lunes. También tenía que nombrar a los que debían pagar los cohetes en nuestras festividades y casar a quienes debían casarse.

30. Tenía siete policías a mi cargo y la gente me llamaba todos los días para saludarme y preguntar cómo había dormido. Por las tardes me boleaba los zapatos y jugaba dominó con el sereno Ramoncito, el dueño del Hotel Emperador, y sus muy simpáticos amigos.

31. Una señorita prostituta, a la que había visitado varias veces en mis edades tempranas, me exigió justicia. Le habían inventado que ella se robaba las gallinas y los gansos de la familia Esternón. El problema fue que la señora Argentina Esternón me visitó para pedirme también justicia. Al cabo de un tiempito, pagué yo de mi bolsa las aves robadas y le regalé a la señorita prostituta una docena de patos. El párroco estuvo de acuerdo conmigo y me dijo que era noble de espíritu.

32. Entonces el Chesterton se presentó en mi oficina en su silla de ruedas. «Pero, ¿qué te pasó, hombre?», le dije. «Ya ves», me contestó. Hablamos durante quince minutos del Negocio y no llegamos a nada. El me dijo «¡cobarde!», y yo le pregunté si sabía lo que era el maldito infierno. Las llamas del infierno.

33. Durante los ratos libres que tenía, especialmente en las tardes, me puse a tejer. Yo pensaba entonces que lo mejor para todos los del pueblo era producir y trabajar y así mantener a nuestras familias. Para dar un buen ejemplo, dejé de aceptar los traguitos.

34. La Comadre vendió bien mis productos y me dio mucho aliento. Y así se pasaron los meses.

35. Una noche se me ocurrió que me faltaban estudios. Ella estuvo de acuerdo y renuncié al trabajo en la presidencia municipal para irme con mi familia a estudiar a la ciudad.

36. Nos hicieron una fiesta de despedida. Entre todos contrataron al mariachi de San Andrés para que amenizara el adiós.

37. La barabacoa le hizo daño al pobre del Sapo. Se la pasó vomitando en serio y con muchos retortijones. Cuando el doctor Merino nos dijo que estaba fuera de peligro, partimos a la urbe, como le decía el sereno Ramoncito a la ciudad.

38. Si me hubiera acordado no hubiera hecho lo que hice: ir a la urbe en pleno mes de abril.

39. Un señor de bigotes nos quitó todo el dinero que llevábamos. Y luego la pobre de la Comadre se nos enfermó de sarampión y terminamos todos en un hospital.

40. El Sapo se dedicó a conseguir el dinero para las me-

dicinas y yo el de la comida. Hacíamos un buen equipo.

41. Alfinmente, en mayo, conseguimos un buen cuarto donde vivir y una buena escuela para el Sapo. La Comadre se empleó de muchacha y yo me las arreglé durante un buen rato con las limosnas. Luego me puse a lavar coches y a entrarle al negocio de las ventas.

42. Sin embargo, por más que quise ponerme a estudiar no pude. Nunca entendí cómo había que hacerle para ser un doctor. Y eso que no fue tan difícil meter al Sapo a estudiar la secundaria.

43. Hasta que una señora de apellido Mendizábal me explicó todo.

44. No me hice doctor pero sí negociante. Aprendí a vender la lotería, y luego las medicinas, y luego los artículos de tocador, y luego los animales.

45. Viajaba a la selva, cazaba changos y guacamayas y tigrillos y se los vendía a un caballero, que a su vez se los vendía a los zoológicos de otras partes del mundo.

46. Para entonces, el Sapo se nos casó, abandonó sus estudios, me dio un nieto −al que decidió llamar Agustín− y se puso a trabajar en la industria textil. Tenía, como yo, cuando me casé con su señora madre, dieciséis años.

47. Un hombre llamado Pilz me invitó a su tierra para que trabajara con él en mi especialidad. La Comadre y yo viajamos en avión (yo ya le había platicado lo que se sentía estar en el aire).

48. El señor Pilz me puso a atrapar animales en su rancho para que luego él los vendiera.

49. Todo jalaba muy bien –pues yo sabía atrapar a los animalitos de su rancho–, salvo porque no nos entendíamos con los demás cazadores, que hablaban otra lengua y no se divertían con nosotros. En las fiestas de todas las noches nos echaban a un lado como si fuéramos bestias.

50. La Comadre me dijo que esa vida ya le empezaba a disgustar, aunque comiéramos todos los días guisado. Y que extrañaba a nuestro Sapito.

51. Yo también andaba como cabizbajo y no se me levantaba la moral.

52. Para poder regresarnos a la urbe tuvimos que hacernos asaltantes. La Comadre me aseguraba que el párroco no estaría de acuerdo con nuestros planes. Le prometí que luego nos confesaríamos con él y asunto arreglado. Y entonces nos pusimos a asaltar.

53. Nomás llegamos a la urbe con nuestros ahorritos nos enteramos de que el Sapo ya había procreado otra chavala. Le dije que lo mejor, en esas circunstancias, sería regresar a nuestra tierra y él aceptó.

54. Sus amigos nos hicieron una gran despedida con tamales de puerco y cerveza. La Cristinita, mi nieta, se la pasó con mocos toda esa tarde hasta que se nos resfrió.

55. Al regresar a nuestro pueblo, esa misma noche, nos hicieron una fiesta de bienvenida con sándwiches y tequila.

56. El Chesterton, que era el nuevo presidente municipal, consiguió la música: un trío de San Nicolás El Elevado. La señora Dominga llevó globos y dulces para los niños. El párroco estaba tan contento con nuestro regreso y también tan cansado que, sin

confesarnos, nos dejó tres padrenuestros y diez avemarías para absolvernos de todos nuestros pecados.

57. Yo me puse a tejer. La Comadre se puso a vender mis tejidos. El Sapo se puso a ayudarle al boticario. La Tachuela, que es mi nuera, se puso a cuidar a los niñitos y a prepararnos todos los días la comida. Sus caldos nos ponían felices.

58. Y la verdad nos iba muy bien, hasta que el Sapo tuvo una riña y nos lo mataron con puñal.

59. El Chesterton metió a los asesinos en la cárcel y yo le pedí que me dejara arreglar el asunto. Yo creo que me vio tan dolido por la muerte del Sapito que me dijo «ándale, haz lo que tienes que hacer». Maté a los asesinos a trancazos, con la ayuda de un hombre llamado el Bóiler.

60. Luego la señora González me dijo que tenía un encarguito para mí. Y como ya andaba bastante escaso de recursos, lo acepté.

61. Había que llevar su dinerito a la urbe y dárselo a un hombre con piochita y botas de piel de serpiente. Me aseguró que se trataba de una operación muy sencilla. Y yo le creí.

62. Lo hice tal y como me lo había explicado y no hubo problema. Después de hacer la operación, el señor de la piochita me dijo que también podía darme un encarguito, si yo quería. «A ver, ¿de qué se trata?», le pregunté. «Nomás de hacerte pendejo un rato y dejar que un güerito te ponga en la madre y te robe esta bolsita que ves».

63. En realidad el güerito no me pegó mucho. Pero como ya había aceptado dejé que me robara la bolsita y que me diera unos cuantos trancazos. El cliente

me dio el dinero convenido y me fui a la estación de camiones.

64. Cuando me confesé, el párroco me dijo que no entendía nada. Y que dejarse pegar y robar algo que no era mío no era malo. Sólo me dijo que para otra vez preguntara. Yo estuve de acuerdo y él me absolvió.

65. Esa noche, la Comadre me dijo que tenía entendido que íbamos a tener otro hijo.

66. Con el dinero que había ganado hice una fiesta para celebrar. Y sobraron tantos pollos y tanto mole que tuvimos que repartirlo entre los vecinos. La señora Dominga, que iba a ser nuestra comadre, mía y de la Comadre, contrató a la tambora de San Isidro, que es la más famosa.

67. Un señor de lentecitos me dijo que era antropólogo y que quería entrevistarme. Me pagaba muy poco en comparación con el Chesterton o el señor Pilz o el de la piochita, pero alfinmente acepté.

68. Se trataba de platicarle mi vida, y así lo hice, desde que mataron a mis antepasados padres hasta el día en que me metí al fango.

69. Cristinita me pedía una y otra vez que le contara el cuento de cómo maté a los que mataron a su padre. Le encantaba oírme.

70. Unos señores llegaron al pueblo a comprar muchos terrenitos. Pero el sereno Ramoncito, con su gran inteligencia, nos dijo a los del pueblo que nos anduviéramos con cuidado, porque de seguro nos harían lo mismo que a los de San Nicolás El Elevado.

71. Sacamos nuestros machetes y nuestros rifles y de plano los corrimos. Estaban tan espantados que ni

se acordaron de recoger las cazuelas en las que habían cocinado su almuerzo.

72. La Comadre me dio una mujercita. Le queríamos poner Antonia, como se llamaba mi señora madre, pero la señora Dominga nos pidió que le pusiéramos Carmelita, como se llamaba la suya.

73. Un jueves de Pascua me topé en la cantina con el señor de estatura mediana y sombrero de plumas. Estaba más viejo. Me preguntó que cómo me había ido. Le conté que no me había ido tan mal, aunque ahora ya estaba empobrecido. El me dijo que ya era un hombre de lana y que podía ayudarme. Se llamaba don Raúl.

74. Lo ayudé a enterrar a unos familiares que se le habían muerto, me pagó y me dijo que contara con él cuando ya no tuviera dinero.

75. El ocho de abril me caí a un barranco por andar persiguiendo a una cabrita que no tenía dueño. El Chesterton y don Raúl le pagaron al doctor Merino para que me curara la dorsal.

76. El diez de abril la señora González me llevó otro postre extraño y me pidió un favorcito: que le dijera a don Raúl que ella quería verlo para entrar en tratos.

77. Don Raúl me agradeció al principio el recado, y luego de meditarlo me pidió que mejor la matara. Yo sentía que el párroco no me iba a perdonar un asesinato, ni tampoco ella. Pero la verdad la situación familiar era muy difícil.

78. Con todo el dinero que me dio don Raúl compré muchos terrenitos y se los vendí luego a otros señores que también querían comprar terrenitos en nues-

tro pueblo. El sereno Ramoncito y el párroco me dijeron que hacía bien al comprar y vender.

79. A partir de la venta de los terrenitos, la Comadre, la Tachuela, Agustín, Cristinita, Carmelita y yo nos fuimos a San Nicolás El Elevado porque la cosa se estaba poniendo muy caliente en el pueblo.

80. Después de indagar, el antropólogo llegó a nuestra casa para seguir con el relato de mi vida. Y yo me puse a inventarle cosas para que se siguiera emocionando con mi historia.

81. Para entonces, ya vivía en San Nicolás la señorita prostituta que me había enseñado a ser hombre. Me la encontré en la plaza y me dijo que andaba necesitada de dinero. Le di los únicos pesos que tenía.

82. También me dijo que si quería lana, allí estaba la Tachuela y que ella se encargaría de todo. De llevar los dineritos a la casa.

83. Que ni qué, mi nuera nos mantuvo más de un año con la ayuda de la señorita prostituta. Y también de don Raúl, que era el mejor cliente.

84. Desde fines de marzo ya andaba nervioso porque iba a llegar otro abril y no sabía qué sorpresas me aguardaban.

85. Y fueron muchas, pero todas para bien. Don Raúl me pidió que le volviera a enterrar a sus muertitos, la Tachuela se comprometió con el dueño de la ferretería más grande de San Nicolás El Elevado, el Chesterton me ofreció ser policía y la Cristinita embarneció.

86. Lo único malo de ese seco abril fue que a la Comadre le dio otro sarampión y se me murió en la cama.

87. Por consiguiente le dije a mi nuera que tenía que retractarse de su compromiso porque yo ya andaba sin mujer.

88. Al principio el párroco se opuso a nuestra boda, pero terminó casándonos porque era lo mejor para todos. Hasta el ferretero comprendió la situación y llevó la música.

89. Como al pobre de don Raúl se le seguían muriendo sus parientes, yo tenía trabajo asegurado dándoles su cristiana sepultura y cobrando buenos billetes. Ya se le habían muerto tantos que ni se le veía triste.

90. Luego Cristinita terminó de embarnecer y me dio un bisnieto de nombre Joselito, hijo del Bóiler, que también se llamaba así y se apellidaba Ternero.

91. Y más luego, ya entrados en febrero, el doctor Merino me mandó a hacerme unos análisis en Torreblanca y me dijo que tenía «eso» y que ni modo, a mí me tocó en suerte.

92. Me explicó el párroco que así es la vida que Dios nos sopló en el ánima y que no había mucho que hacer ante esas calamidades.

93. Pero no me preocupaba tanto el morirme como el no tener para comer lo suficiente el día que llegara la Recelosa, como le llamaba a la muerte la señora Dominga.

94. El Bóiler me dijo que si yo lo permitía él se haría cargo de la familia cuando llegara la Inevitable, como él le llamaba también a la Libertadora.

95. Yo ya estaba hecho un esqueleto y me dolía todo el santo cuerpo. La Contrincante, como le llamaba don Raúl a la Antesala que es la muerte, ya se andaba queriendo llevar mi pellejo un dos de abril.

96. Pero entonces mi nuera me informó que estaba enterada de que iba a tener un hijo mío.

97. El Bóiler suponía que eso me había repuesto porque me puse a tejer como loco para que mi señora vendiera mis tejidos en el pueblo, en Torreblanca y en San Nicolás El Elevado.

98. Los dolores desaparecieron a partir de julio y engordé unos kilitos.

99. Me quiso matar una vez el Chesterton con su pistola, pero el doctor Merino me salvó la vida. Luego don Raúl también me cogió coraje y me trató de prender fuego.

100. El antropólogo me dijo que haría un libro con mi vida. Pero la verdad, qué me importaba: yo ya era, lo que se dice, un hombre muerto.

El miedo de besarla a usted

Querida señorita Lucinda:

Sepa usted, ante todo, que estoy decidido. Quiero que comprenda que si no lo decidí antes es porque existe detrás una historia que no conoce completa. He aquí esa historia.

Sepa que la conozco desde el pasado verano, aunque usted, entonces, no se hubiera percatado de mi existencia. Todas las mañanas esperaba a que saliera de su cuarto. Luego la seguía hasta el restaurante y, aunque me sentaba en una mesa lejana a la suya, sentía que compartía con usted el desayuno. Más tarde, aguardaba en la playa su llegada para ponerme detrás suyo cuando extendía su toalla para asolearse. Oculto tras unas gafas negras, fingía mirar hacia el mar, aunque la verdad es que casi nunca lo hice durante esa corta semana: sólo tenía ojos para ver cómo su piel se iba tostando lentamente con el pasar de los días. No me atreví a abordarla, no la molesté siquiera con preguntarle la hora, como bien podrá atestiguar en el juicio, si es que decide llevarme a juicio.

Sepa usted que la quise y que soy, en el buen sentido de la palabra, bueno.

Las vacaciones, las suyas y las mías, tuvieron su irremediable y triste fin. ¿Cómo prolongar en mí ese estado de éxtasis que sólo había logrado en mi vida al estar cerca de usted? ¿Cómo soportar un año con la esperanza de que en sus siguientes vacaciones volviera al mismo lugar donde yo la estaría esperando fielmente? ¿Cómo seguirla, a dónde? ¿Con qué pretexto abordarla?

Al verla en el lobby del hotel, con sus maletas resguardadas por un botones y con la pluma para firmar el baucher de la cuenta, el corazón me dio un salto doloroso. Quise entonces acercarme a usted, pero... ¿qué le diría? ¿Que estaba enamorado de usted? ¿Que me diera permiso de observarla por el resto de mis días? ¿Que me dejara besar sus ojos, su frente, su boca?

El taxi partió en mi cara. El humo del escape ayudó a que mis lágrimas corrieran con mayor facilidad.

Comprenda de una vez el desamparo que sentí. No tuve fuerzas para moverme por mí mismo, hasta que un empleado del hotel se acercó: yo era la triste imagen de un hombre inmóvil que no dejaba de llorar su silencioso dolor. «¿Puedo ayudarle en algo?», me dijo.

Cuando pude recobrar el sentido, una ráfaga de lucidez me condujo a contestarle: «Sí, sí puede.» Supongo que ya imaginará la valiosísima ayuda que el empleado me dio: su nombre y su dirección, tal y como las había escrito usted de puño y letra en la tarjeta de registro.

Fui a Monterrey para arreglar mis asuntos y, en menos de una semana, ya viajaba rumbo a la Ciudad de México. Lucinda: sepa usted que la emoción me embargaba como a un niño que está a punto de recibir el regalo más preciado. Conmigo viajaban también las imágenes fieles, casi fotográficas, de su rostro, de su cuerpo extendido sobre la blanca arena, de su traje de baño lila, del prendedor que adornaba su cabello, de su toalla, de su crema bronceadora, de las gafas negras que ocultaban esos ojos intensos que pocas veces tuve la oportunidad de ver con detenimiento.

En el aeropuerto tuve una serie de contratiempos, que no viene al caso contar aquí, antes de llegar hasta la puerta del edificio donde usted vive. Ese día la vi salir hacia las nueve veinticinco de la noche. Se había recogido el pelo y vestía una blusa marrón y una faldita azul. La seguí, con suma prudencia, por calles y calles hasta un restaurante. Recordará que allí se encontró con un hombre obeso con quien charló animadamente durante casi dos horas. Desde una mesa contigua, dándole la espalda, escuché una buena parte de la conversación. Aunque no ligaba entonces muchos nombres y situaciones, pude hacerme una idea bastante aproximada de quién era usted. Supe entonces que sus padres vivían en Mérida, que tenía un divorcio reciente, que no le gustaba el whisky y que todos los martes tomaba clases de gimnasia.

Noté también que el tacón de uno de sus zapatos estaba a punto de desprenderse. Sé que se trata de un detalle insignificante. Pero si supiera usted la dimensión que esos detalles alcanzan en el silencio de mi habitación, comprendería y justificaría todo, la locura, el arrebato. La soledad.

Decidí no seguirla de regreso a su casa, pues era necesario que empezara a hacer unas cuantas llamadas para conseguir un departamento permanente cerca del suyo. Esa misma tarde lo encontré.

Al día siguiente estuve cerca de la puerta de su edificio desde muy temprano, poco antes de las ocho. A las nueve menos quince salió rumbo a su trabajo. Desde entonces, durante varias semanas, seguí sus rutinas –la oficina, el restaurante de Quevedo, su casa, la lavandería, el mercado, el gimnasio–, así como sus escapadas esporádicas a algún otro bar o a un restaurante o a la casa de Berta o a la librería. Incluso tomé con usted el camión que la llevó un domingo de septiembre a Tlaxcala. ¿Para qué le cuento todo esto?

En fin, terminé conociéndola el 4 de octubre, o más bien: teniéndola a una distancia cortísima y tocándola, o mejor: rozando su mano con la mía. Sepa usted que no fueron esos mis planes, que yo me conformaba con verla desde lejos e imaginar, imaginar, imaginar... No quería nada más. Pero, pese a todos los cuidados que tuve, ese día, en el bar del restaurante, usted me abordó para pedirme un cigarillo. Intente acordarse de esa fecha: mi nerviosismo al sacar la cajetilla, los cigarros en el piso y... el momento en el que le ofrecí el encendedor y rocé apenas su mano. No le reclamo, sinceramente, que no haya querido hacerme conversación.

Tres días después, en el mismo bar se sentó usted sola en la barra, junto a mí, y me preguntó quién era. Cierto, pensé, ¿quién soy? Me cruzó velozmente por la cabeza la peor frase que hubiera podido contestarle: «Polvo enamorado.» En cambio, respondí con una repugnante timidez:

–Julio Santajulia.

–Qué interesante –se burló de mí–. ¿No es pariente del tenista Manuel Santamanuela? –inventó, supongo que para jugar y no para mofarse de mí, y se dio la vuelta.

Esa noche soñé y soñé y soñé...

Al día siguiente, un telefonazo de Monterrey me hizo abandonarla por unos días: mi hermana había muerto en un accidente ferroviario y su esposo estaba al borde de la locura. Contra mi voluntad, usted lo sabrá ahora, tuve que viajar para poner en orden las cosas familiares.

Diez días de misas, llantos, terapias colectivas, conversaciones sobre accidentes y muertos me apartaron de usted, de la posibilidad de verla, oírla y quizás, con suerte, volver a rozarle la mano.

Impaciente por tomar el avión a México, dejé los problemas en manos de mi socio y amigo Jack Mendoza, quien intuyó seguramente los tormentos por los que pasaba gracias a un misterioso amor.

En México, esperé cinco días afuera de su casa, frecuenté los mismos lugares de siempre, me introduje bajo disfraz en su oficina con la esperanza de encontrarla allí, vagué horas y horas a lo largo y a lo ancho de las calles de la zona, de nuestra zona. Empezaba a reclamarle su pérdida a la muerte de mi hermana y a la locura de mi cuñado cuando usted entró en el restaurante de siempre. Bajo el impermeable beige llevaba puesto un vestido rojo que no conocía y unas zapatillas negras. El corazón me daba tumbos y sentía cómo la sangre circulaba velozmente por mi cara y mis piernas. La amé en ese momento como nunca.

Detrás de usted, lo recordará, entró un joven mulato, de estatura media, con vaqueros y camisa blanca, más bien ancho de hombros, con la nariz recta, el bigote bien delineado, el pelo corto, casi militar, y con un cigarrillo en la boca que sostuvo en los labios toda la velada.

Usted no me vio. O no quiso verme. O no se acordaba de mí. Es algo que a la fecha aún no he podido resolver.

Durante hora y media hablaron de un viaje, un cheque, un libro sobre Escocia o de un escritor escocés, un trato de amigos y no recuerdo qué tantas otras cosas que no significaron en su conjunto nada para mí, hasta que él abandonó el bar y la dejó allí envuelta en lágrimas. Juré vengarme, vengarla, hacer que ese infeliz pagara el dolor que le había infligido, matarlo si era preciso. Sepa usted que pocas veces en mi vida había sentido esa furia contra alguien. Sin darme cuenta había apretado tanto los puños que tuve las manos adoloridas durante varias horas.

Pensé seriamente en abordarla y ofrecerle mi ayuda. Sin embargo, salió del bar tan inesperada y repentinamente que me quedé con los deseos contenidos y la furia apagada.

No concilié el sueño sino hasta las seis o siete de la mañana. Al despertar de horrendas pesadillas, casi a las dos de la tarde, me reclamé a mí mismo haber perdido tanto tiempo en la cama, el que bien hubiera podido haber invertido en verla y tenerla cerca de mí.

Corrí al restaurante, pero no tuve suerte. Por la tarde, tampoco la encontré en su casa. Con la esperanza de verla en el bar, me aposté allí desde muy temprano. Y también fue en balde. Supuse entonces que algo grave debió haberle pasado el día anterior como para que interrumpiera tan bruscamente sus rutinas nocturnas.

En cambio, a quien sí vi fue al joven que la había acompañado y que tanto la había hecho sufrir.

No fue difícil entablar conversación con él. Al rato ya le había inventado toda una historia de negocios a los que lo invitaba a participar. Fuimos primero a un centro nocturno, luego a otro bar y finalmente a alquilar los servicios de dos insufribles y toscas rameras. Para sellar el supuesto pacto lo invité a mi departamento. No faltaba mucho para que amaneciera. Tomamos tres o cuatro whiskys más hasta que su amigo cayó profundamente dormido sobre el sillón de la sala.

Lo amarré muy bien, lo extendí sobre el piso y le llené la boca con algodón. Luego tomé un cúter y comencé a desprenderle la piel. Pese a los forcejeos, los gritos sordos y las convulsiones, pude hacer el trabajo limpiamente. Cuando había logrado desprenderle un cuadrado casi perfecto de piel, el pobre hombre dejó de interesarme y le clavé una navaja a la altura del corazón. No tardó mucho en adquirir el semblante inconfundible de los muertos.

Deshacerme del cadáver no fue tan difícil como había imaginado. Simplemente lo corté y lo metí en dos maletas que abandoné en el metro sin que nadie se percatara de mi olvido voluntario.

Al día siguiente me incorporé de nuevo a mi rutinaria tarea de seguir sus rutinas. Mientras simulaba leer el diario, sentado en la barra, usted conversaba con el gordo de la primera vez. Habló de Joaquín, el mulato, sin saber aún que ya no la molestaría más. Dijo que le debía no sé qué cantidad ridícula de dinero y que la había amenazado con despedirla de su trabajo.

Desde ese día empecé a dejarle bajo su puerta sobres con dinero. Esos sobres que tanto la intrigaron, según me enteré por sus conversaciones con el gordo (de quien no sé a la fecha su nombre). Esos sobres que la volvieron temerosa y que le produjeron esa sensación (lo oí de sus propios labios) de que algo grave estaba por sucederle.

Nada grave podía sucederle bajo mis cuidados. Crea, por favor, la sinceridad de estas palabras. En fin, supongo que la historia de lo que sigue comienza a tener sentido para usted. Tengo entendido que esa sensación de desastre aumentó justo cuando yo deseaba lo contrario. Dejar de enviarle los sobres con dinero fue un error mío del que ahora me arrepiento. Quise borrar de su mente al fantasma misterioso, acechante, peligroso que la acosaba con sus dádivas. Quise tranquilizarla. Quise que pensara en otras vacaciones (el dinero ya lo tenía), que le regresara su semblante libre, gozoso con el que yo la conocí. De paso, tuve la esperanza de pasar otras vacaciones en la playa a su lado. Vivir mis sueños, diría. Vivir mis tormentos.

En el momento en que me enteré de la angustia que usted vivía (se lo contaba nerviosa y pálida, quizás ya enferma, al gordo), tomé la decisión de suprimir mis envíos. Fue ésa la última vez que la vi. Y es ésa la imagen que ahora me sigue y me persigue, me mata y me enloquece: la vista perdida entre el vaso de vino y el cigarrillo que se le consumía en la mano sin que le diera ninguna chupada, el pelo revuelto, a punto de adherirse a esa mano suya que lo jalaba insistentemente, el temblor de sus piernas al caminar de regreso a su casa, la sonrisa ya ida, olvidada, sus ojos tristes. Y la vista perpleja del gordo con sus confesiones y sin poder articular ante usted, señorita Lucinda, ninguna palabra de apoyo.

A los tres días de no saber de usted, tuve el mismo presentimiento de que algo se había roto en el transcurrir normal de la vida, de que los tiempos oscuros se acercaban y me lamían la boca, la espalda, los ojos. En un momento de claridad, tuve la suficiente intuición (ya perdida hacía tiempo) de llamar a Monterrey y pedir a mis amigos influyentes algo de ayuda. Jack tomó el asunto en sus manos como si se tratara de algo personal. Al más alto nivel, después de tres días de impaciente espera, pude despejar las dudas: supe que usted estaba, que está ahora, en un inmundo hospital siquiátrico.

Sepa usted que estoy decidido a decirlo todo: a los siquiatras, a la policía, a su amigo el gordo, a Jack, a todos. Y principalmente a usted: quiero hablarle de lo que sólo en sueños puedo ver. Sueño lo que le digo y quiero decirle lo que sueño.

Sin embargo, no estoy seguro todavía de que esta carta llegue a sus manos. Al menos, sepa que sí estoy decidido a abordarla algún día, cuando ya toda esta confusión esté despejada, y a pedirle de una vez por todas que acepte mi trato. Espero que no se burle de mi. Espero que me acepte tal y como yo la acepto a usted. Muchos días de playa nos aguardan.

Espero también no hacer algo de lo que pueda arrepentirme por el resto de mi vida

People are strange

Mi nieto y yo somos dos seres por completo vacíos. La vida se nos ha ido en blanco, entre glorias efímeras y descalabros imprevistos, entre charlas inútiles y falsos intentos de suicidio. Así somos y hemos sido mi nieto y yo. Con la mala conciencia, por mi parte, de que yo fui quien le heredó el mal (o más bien: el gene podrido); con la mala conciencia, por la suya, de que él se dejó cautivar por mis consejos de abuelo cariñoso (lo que significa que se dejó llevar por mi influencia).

Además de compartir el vacío, mi nieto y yo tenemos en común la maldita enfermedad, que a mí me atacó a los sesenta años y a él a los dieciocho. Ya sabemos cómo nos vamos a morir y más o menos cuándo. En lo que se refiere al cómo, hemos sido instruidos en que no será muy placentero, aunque unos chochitos color violeta que saben a paella podrían atenuar el dolor. El cuándo casi coincide: él morirá a fines de agosto y yo a principios de octubre.

Como seré yo quien lo entierre, hemos platicado

mucho acerca de su funeral y hemos tomado ya algunas providencias: el sitio de su última morada (un camposanto muy pintoresco), el diseño y el color de la caja (que ya construyó un ebanista de nuestra confianza), las coronas, las esquelas en los diarios, su epitafio («Aquí yace un hombre huero») y el apoyo moral que tendré que brindar a sus allegados. Además, convinimos en que no lloraré su muerte.

Sin embargo, el problema que más nos ha preocupado desde hace años es cómo llegar al Fin con las manos vacías, tan vacías como la de aquel viejo que un día nos pidió (a ambos) una moneda. Un viejo triste, a pesar de que tan sólo padecía lepra. «Desahuciado», me dijo mi nieto al arrojarle un par de billetes, «en la misma fila en la que pronto estaremos formados ¿o no, abuelito?»

Mi nieto tiene hoy veintidós años cumplidos y yo sesenta y cuatro. Él tiene un hijo y una esposa comprensiva, ambos admirables y guapos. Es propietario de una fábrica de herramientas (pinzas, martillos, pericos y algo así como serruchos). Su casa (de la que es propietario) tiene garage para tres coches y cuatro o cinco baños. Mi nuera lo adora y mi bisnieto juega con él a las escondidillas y (creo) a «Doña Blanca». Le encanta comer mole y tostadas, le gusta hablar de cuestiones liberales y admira a las mujeres que no escupen al hablar.

Ese es mi nieto en resumidas cuentas. Un hombre de éxito en apariencia y un poco inteligente, al tiempo que profundamente insubstancial.

Como yo, que no me quedo atrás en esta afectación. Soy un viejo vano y poco entusiasta. He perdido casi por completo la audición y todas las noches me preocupa cuál será el menú de la cena (casi siempre compuesto de frutas: peras, plátanos, manzanas o melones). Mi fortuna (que heredaré por cierto a mi esposa y a mi bisnieto, en partes iguales) no es cuantiosa, aunque sí suficiente para asegurar un decoroso futuro a mis dos herederos. Y nada más.

Nada más que pueda yo decirles sobre mi malograda vida. Salvo, quizás, que soy un policía retirado y que tuve fama de buen torturador. Algo que era totalmente falso, ya que casi siempre que lograba sacarle la sopa a los presuntos se debía a que mi aburrimiento los contagiaba y terminaban por vomitar todo.

No hace mucho, mi nieto y yo fuimos juntos a la terapia. Me ayudó a calzarme las prótesis y a ponerme los calzoncillos reglamentarios. Con palabras cariñosas me instó a que hiciera la rutina y me inyectó la dosis que me tocaba. Yo quise animarlo, en justa correspondencia, pero uno de los terapeutas intervino en nuestra charla y, diestramente, solucionó la dificultad: le instaló a mi nieto sus prótesis, le puso un pañal bajo los calzoncillos, le metió con sutileza la jeringa en la vena y nos llevó a ambos a la pista donde habríamos de bailar por más de una hora.

La señorita Du Barry, ese día, estaba especialmente activa y coqueta.

Mi nieto y yo platicamos, una hora y media más tarde, en un bar ruidoso llamado «Vistahermosa». Se trata de un sitio decorado con acuarelas de olas y caballitos de mar que nos dan mucha nostalgia.

Cada vez que vamos a ese antro, nos dejamos puestas las prótesis para no incomodar a los clientes. Y casi siempre pasamos por tipos más o menos normales.

Decía que esa noche mi querido nieto volvió a externar su gran preocupación por llegar a la muerte con las manos vacías, para pasar después a las recomendaciones: «Abuelito, usted disculpará lo que voy a proponerle, pero...», dudó el pobre antes de continuar. «Pero, ¿por qué no se coge a la señorita Du Barry? Estoy seguro de que usted le gusta, ¿no cree?»

Obviamente, la pregunta de mi descendiente hizo mella en la culpa hereditaria que cargaba sobre la conciencia. Era evidente que no podía fallarle. Nervioso, le respondí que por qué no. Luego le propuse que yo pagaría el artefacto inminente que pronto tendrían que instalarle y acepté el reto de echarle un telefonazo a la Du Barry.

Y eso hice (a inmediato plazo: llamar a la señorita de marras; y a corto: cubrir los costos del garfio que mi adorado nieto habría de llevar cuando le amputaran su ya de por sí degradado miembro).

Marqué el número de mi presunta amante y, muy decente y acomedida de su parte, nos invitó a su chalet. Al llegar nos dijo que le resultábamos muy simpáticos.

Por nuestra parte, estábamos admirados por la generosa amabilidad que nos prodigaba, así como por la suntuosidad de su cobijo. Cenamos unas cosas deliciosas que parecían moluscos y bebimos vino francés. Luego salimos a la terraza, hablamos de arte y nos fuimos a dormir, cada quien en su habitación, hasta las once y media de la mañana.

Antes de la pernocta, muchos sirvientes nos auxiliaron en las nocturnas rutinas de recomponer lo que quedaba de nuestros cuerpos y en administrarnos las ampolletas y los supositorios. Lo hicieron con tal experiencia y pulcritud que la lavativa que me aplicaron me recordó las manos de seda del doctor Maigret.

A la mañana siguiente, mientras desayunábamos fruta, yogurt y salmón, mi nieto me preguntó en voz baja si me había cogido a la señorita por la noche. Le confesé que no se había dado la oportunidad, y todo quedó así entre nosotros. En familia.

Sin embargo, a los dos minutos cambió el escenario. Como la Du Barry andaba caliente me metió a la piscina con todo y artefactos para envolverme con su lascivia. Y no se diga más: consumamos el amor un par de veces, hasta que yo quedé agotado y ella satisfecha, y (en palabras de mi nieto) fuertemente enamorada.

Me sentí muy conforme conmigo mismo por no haber defraudado a mi estimado nieto.

Nuestra efímera alegría pronto se esfumó: regresamos a nuestras respectivas casas con las manos vacías y sin apetito. Por mi parte, le insinué a mi esposa que había pasado la noche en la casa de la Du Barry, a sabiendas de que eso podría enorgullecerla ante sus amigas, pero con la conciencia de que también la entristecería un poco.

Por su parte, mi nieto le dijo a su esposa que habíamos ido al hipódromo y que nos habíamos quedado dormidos, como tantas otras veces. «¿Sigues vacío?», le preguntó mi nuera. «No lo sé, te lo juro, ¿por qué me presionas tanto?»

En medio de estos sosos conflictos familiares, la muerte se nos venía encima sin encontrar aún elementos que la hicieran más digna. El contento que a mi nieto le produjo el que yo me hubiera cogido a la señorita, así como el mío propio por haberlo complacido, no significaban en realidad casi nada: un mínimo paquete que llevar al más allá con la cara en alto.

Y el calendario seguía deshojándose a ritmo de Chaikovski hasta que nos sorprendió el agosto tan temido (o esperado) de la inminente muerte de mi nieto. En ese lapso, le amputaron una de sus manitas, le pusieron el garfio cromado que tanto habíamos mantenido con brillo, pernoctamos dos noches con la Du Barry (con sus respectivas escenas de piscina), jugamos a inventar sofismas y vivimos cada quien, en privado, su propia inutilidad. Su propia aspereza.

Una tarde, en la terapia, me preguntó: «Abuelito, ¿hay algo detrás de la muerte?» «No», le contesté, con más seguridad que sabiduría. Y como si no me hubiera escuchado, siguió cuestionándome: «¿Cree usted que nuestro espíritu tenga una segunda oportunidad sobre la Tierra..., o más bien: que podría existir una segunda vida para quienes no pudimos concluir ésta con éxito?» Volví a responderle con una negativa más contundente, aunque la verdad no estaba del todo tan seguro.

El 16, mi nieto sufrió un derrame y se le atrofiaron algunas cosas de su organismo, no recuerdo cuáles. Más tarde, ya recuperado, nos reunimos en el parque para comentar el suceso. «Si no es hoy, es mañana..., o pasado», le auguré. «¿Qué sientes?», seguí, «¿crees que la muerte ya te está..., no quiero decir coqueteando..., que ya te está..., tú sabes...?» «Ya, abuelito», me respondió con una cerveza en la mano, «siento que ya viene. Y te juro que no tiene una cara tan hostil como la de..., perdona que te lo diga, como la de tu señora esposa...» Sentí un gran alivio.

El 21 de agosto mi nieto sufrió un súbito entusiasmo. Se puso a bailar como loco con su hijo, cantó dos baladas y se metió a la cocina a preparar los pulpos que había comprado para su última noche. Yo me encargué de descorchar los vinos y de contar los chistes. Cenamos con gran algarabía hasta que el cansancio nos tumbó.

El 29, previa amputación de uno de mis brazos, mi nieto intuyó que no habría muertes que lamentar en la familia (se refería a nosotros dos). Su inesperado optimismo contagió a nuestras esposas, que se pusieron a cantar madrigales y a preparar galletitas.

Y tuvo razón mi malheredado en lo que se refiere a que llegó el 15 de septiembre y los dos andábamos con vida.

La señorita Du Barry, enterada ya de la premonición, organizó un baile de disfraces en nuestro honor.

El primero de octubre fuimos juntos al hospital. Le reclamamos al doctor Maigret su pronóstico (en lo que a mi nieto se refiere) y él se mostró sorprendido. «No te preocupes», le dijo, «es algo inminente. Quizás hoy por la noche..., o mañana al mediodía. Ten confianza en mí: estás a punto de viajar sin equipaje, ¿comprendes?»

Luego se dignó a advertir mi presencia: «Y usted», me señaló, «no se haga muchas ilusiones de que llegará con vida a la navidad. Se lo digo como alguien que lo respeta..., se lo juro. Pero de que la muerte lo está rondando, eso ni quien se me ponga enfrente para refutarlo. Ya casi huele... Y mire que mi olfato está a prueba de dudas.»

Esa noche nos reunimos todos en casa de la señorita Du Barry para hablar de la muerte y sus consecuencias. Mi anciana esposa comentó que los seres humanos somos como las termitas o los girasoles: simplemente morimos y ya. Mi nieta política se inconformó con esas palabras que percibió tan ligeras y faltas de sustento, y contrargumentó: «Al morir, nuestro espíritu andará un buen tiempo a la deriva hasta que encuentre un organismo afín: un oso hormiguero, una jacaranda, un texano o un ladronzuelo de quinto patio».

A la Du Barry, luego de descorchar tres botellas de champaña e invitarnos a consumirlas, se le escapó formular su propia idea sobre las cosas: «Para mí que la verdadera vida empieza al morir. Me imagino, no sé por qué, que todos estaremos algún día jugando al *black jack* en un casino..., ¿cómo se dice...?», buscó el adjetivo con ahínco. «Celestial», atiné a traducirla. «Sí, sí, precisamente, un casino celestial...»

La muerte. La muerte tan próxima nos condujo ese día a decir tantas tonterías, que hasta al mismísimo Papa hubiera terminado en el piso tumbado por las carcajadas.

Para terminar la velada, mi nieto expuso: «Ojalá que alguna de ustedes tenga razón». «No sé si todo esto que hemos dicho», precisó su esposa, «se aplique a alguien tan... tan vacío, ¿comprendes?» «Y mira si no lo sé», prorrumpió mi nieto con entereza. «Ese es mi temor.»

El 22 o 23 de octubre, ambos aún con vida, nos inscribimos en la Facultad de Medicina con el fin de hacer una carrera. Fuimos aceptados como alumnos corrientes y nos presentamos el primer día con nuestras libretas bajo las prótesis.

Fue una semana verdaderamente maravillosa.

Nos enseñaron mucho acerca de lo que es el cuerpo humano, aprendimos a oír los corazones de nuestros compañeros, comimos en los restaurantes del *campus* y fuimos a varios mítines.

Mi nieto tuvo la buena fortuna de que una de nuestras compañeras anduviera deseosa. Una noche me pidieron que los ayudara a unir sus cuerpos con comodidad. Sin toda esa complicada red de cables, fierros, bulbos y transistores que conformaban el físico de mi descendiente.

Ella era una mujer muy carnosa.

115

Lo malo fue que el primer domingo de diciembre empezamos con los vómitos y el hormigueo en el espinazo.

El doctor Maigret, en visita domiciliaria, nos tomó la presión y nos aplicó el termómetro y el estetoscopio. Puso luego su ya muy conocida cara de Caronte en celo y aseguró que mi nieto y yo cruzaríamos el Río de un momento al otro. Mi adorada esposa me abrazó y la mujer de mi nieto rodeó con sus brazos, tiernamente, el cuello de su marido.

Agotados de tanto cantar «No es más que un hasta luego...», como a las cuatro de la mañana nos quedamos dormidos.

Al despertar, luego de vanos intentos por revivirla, el doctor Maigret nos anunció con tristeza que mi nieta política había fallecido.

Juro que nos quedamos sin habla y sin apetito.

El galeno de nuestras confianzas puso su cara de Rey Lear y continuó: «Murió, lo que se dice, de muerte natural... El corazón da sus buenos sustitos, ¿no creen?» Y concluyó, transfigurado ya en Lady Macbeth, y luego de consumir un vaso (de los de jugo) de mezcal: «Lo lamento por ustedes...»

Al ver la cara contrita que puso mi nieto con tan inesperada noticia, sentí tanta desazón que pensé que a mí también me había llegado el momento. Reté a la Temida y le pedí (convencido) que me llevara a su reino. Él también sintió que la muerte lo buscaba a gritos.

Pero no fue así. Enterramos a la finada, festejamos la navidad y el año nuevo, y nos topamos con que había un enero que aún nos aguardaba, pese a que ya para entonces nuestros verdaderos cuerpos estaban compuestos de tronco y cabeza.

Françoise, la otrora deseosa y llenita compañera de la Facultad de Medicina, intensificó a partir de entonces su debilidad carnal por mi nieto.

Nos invitaba al *atellier* de su mansión, se despojaba de sus costosas prendas y paseaba luego su cuerpote desnudo ante nuestros ojos de yegua insomne.

Yo los ayudaba a acomodarse para que pudieran satisfacer confortablemente su apetito sexual. Para ello había que salvar muchos obstáculos que se interponían en los momentos clave: el toqueteo, la penetración, el orgasmo y la higiene.

Al fin de las tareas, agotados ellos y plenos de sí, agradecían mis naturales dotes manipuladoras:

Me enorgullece hoy en día el haber sabido dirigir una orquesta corporal tan desafinada.

Y qué decir de la infatigable señorita Du Barry: se dedicó a amarnos en la piscina, ora a mi nieto, ora a mí, dos o tres veces al día.

En su caso, no era necesaria la intervención de terceros para conducir a feliz término el acto amoroso, pese a que las circunstancias (la piscina) lo hacían un tanto incómodo y cloratado.

Entre tanto, la temida y anunciada muerte se diluía

poco a poco en ese caldo de verduras pasionales que a diario nos alimentaba.

En nuestros momentos de descanso, bebíamos champaña con mi decrépita esposa y con mi robusto bisnieto. A veces jugábamos partidas amistosas de *black jack* y a veces opinábamos acerca de nuestros órganos artificiales, más como tema de conversación familiar que como tragedia griega.

Aunque aún sin el famoso paquetito entre las manos que transformara nuestras hueras vidas en trascendencia, la pasábamos relativamente dichosos y calientes.

Hasta que otra vez la tragedia nos distrajo de nuestras emociones: se nos ahogó mi bisnieto en la tina y volvimos al luto. Nuestros corazones quedaron sumidos en la amargura y la depresión.

Supongo que Maigret quiso ayudarnos a sobrellevar las cosas. Pero ya todos sabíamos que era una empresa inútil: sordos y ciegos, desmembrados y tristes, mi nieto y yo optamos por no retar más al destino.

Dejamos de tomar los chochitos de paella y no aceptamos más jeringas ni supositorios. Nos dedicamos a comer ensalada de berros y pollo al curry (platillos prohibidos por Maigret). Decidimos ya no suplir con inútiles prótesis las cosas que se nos iban pudriendo (una oreja y un ojo de mi nieto; la nariz y la lengua mías).

En abril, le pedimos a un sirviente de la exquisita Du Barry que nos despojara de los aparatos que aún conservábamos y luego nos dejamos rodar sobre el prado hasta que caímos en la piscina.

Imaginamos que mi histérica esposa (que observaba la escena con su décimo *bloody mary* en la mano) reclamaría algo. Y sentimos cómo el agua entraba violentamente en nuestros pulmones.

También alcanzamos a sentir que la señorita Du Barry trataba en vano de asirnos para llevarnos de nuevo a la superficie, a la vida.

Afortunadamente la esposa de mi nieto tuvo razón: hoy en día soy un texano que administra un bar; mi nieto es un pobre carterista; su exesposa florece en un parque público, y mi bisnieto es un robusto oso hormiguero a quien visito todos los domingos en el zoo con mis tres pequeños críos.

Uno de ellos, el benjamín, heredó la enfermedad.

La semana que entra le van a instalar un moderno aparato en su miembro reproductor.

A la sombra de los caudillos en flor

La guerra, esa vez, parecía en serio. Lo supimos cuando Manuel recibió un golpe de munición en la región lumbar. De inmediato empezaron a entrar por la ventana flechas con la punta en llamas y globos llenos de gasolina. Lo imprevisto del ataque arrancó a Javier una maldición y nos obligó a todos a apurar nuestra deliciosa cena del tercer cumpleaños de Julia, compuesta de arenques, costillas, col agria y pan tostado. Decidimos no cerrar las ventanas porque lo consideramos un gasto inútil: de cualquier modo las romperían. Nos limitamos únicamente a apagar las pequeñas fogatas que iban brotando en la sala, el comedor, los cuartos, y a esquivar las diminutas agresiones de plomo que nos arrojaba la furia de nuestros enemigos. Sólo Julia se divertía: juntaba montoncitos de vidrio y municiones para edificar con ellos una ciudad bajo la mesa del comedor. Manuel también intentó encontrar un sano esparcimiento en la guerra: improvisó frente a la ventana una barricada de la que se asomaba de cuando en cuando, protegido por su brillante escudo de plástico plateado, para lanzar risitas y guiños a los francotiradores.

Laura no podía contener la ira por la interrupción de la cena: terminó de recoger la mesa y balbuceó el nombre del que sería en esa ocasión su víctima. Tratamos de convencerla entre todos de que no era necesario lastimar a nadie, de que la venganza era innecesaria si aún no se había dado una baja en la familia, de que teníamos que ser humanitarios con nuestros oponentes hasta el último momento. Pero no sirvieron de nada nuestras razones y súplicas: Laura no respondió ni una sola palabra y salió a la calle con ánimos de venganza.

Fuegos fátuos

La guerra sí parecía en serio. Al menos más en serio que otras veces. Los Millán estaban decididos a todo, a exterminarnos a como diera lugar. Sus rostros, tras los arcos y los rifles, estaban hinchados de coraje, de desesperación por no poder tirar de un solo gatillazo mil municiones, de un solo jalón mil flechas encendidas, por no poder convertir nuestro departamento en un bosque en llamas que consumiera hasta la última huella de nuestra evidente superioridad espiritual.

En ambos edificios, el de los Millán y el nuestro, los vecinos se asomaban por las ventanas. Sabían que sólo un accidente –muy improbable dada la famosa buena puntería de los Millán– podría provocar el incendio de sus departamentos. Ninguna luz se encendió: el espectáculo de las flechas en llamas cruzando la noche, de edificio a edificio, era olímpico, hechizante. Y para amenizarlo con un toque de elegancia y hospitalidad para con el público, Manuel puso un disco a todo volumen. Un Rossini contrapunteado por las descargas de los rifles y los gritos de entusiasmo que profería Julia.

Mientras rechupaba un arenque, Javier recibió un impacto en el muslo, que sobó con delicadeza. En esas llegó Laura con la sonrisa dibujada en los labios. De inmediato fue a su cuarto y, transfigurada por el gozo, levantó una hoja de la persiana para mirar la cara estupefacta de Esteban Millán en el momento justo en que un estallido iluminaba su calle. Su volkswagen.

Poco antes de que el sol saliera, la batalla había llegado a su fin: el arsenal de los Millán se agotó antes que su rabia y que nuestra paciencia. Don Ulises, patriarca y comandante en jefe de nuestros contrincantes, terminó lanzando desesperadamente el vaso en el que bebía su habitual ron añejo. Fueron los últimos vidrios que Julia rescató para su empresa constructora.

La sala quedó maloliente y húmeda. Espejos rotos, manchas negras sobre la alfombra y los sillones, una barricada de cojines con pequeñas perforaciones, un arenque a medio comer, una accidentada y cristalina ciudad bajo la mesa.

Fueron los potros de bárbaros atilas

Otro día, semanas más tarde, los Millán murieron.

Sólo sobrevivió uno, Martín, el que más odiaba. En el velorio, ante la deprimente escenografía de las cuatro cajas mortuorias, prometió vengarse. Y los Gallo, sus solidarios pariente políticos, le ofrecieron su apoyo, especialmente Refugio, su propia esposa, la que más odiaba (de los Gallo).

Supimos que se reunían todas las tardes para preparar los detalles de su tan anunciada venganza. Sin embargo, pasaron semanas sin la menor señal del ataque prometido. Empezábamos a despreocuparnos cuando nos llamaron desde Texas: el lago de Laura había sido dinamitado (o sea: su negocio de truchas). Una hora después entró otra llamada: la vulcanizadora de Manuel, que tantos esfuerzos le había costado adquirir, estaba siendo apagada por los bomberos.

Nunca supimos por qué el restaurante de Javier, La Parrillada del Cheto, se salvó de las garras enemigas. En realidad, para el tiempo que les había llevado tomar las decisiones, los daños fueron casi insignificantes. Por nuestra parte optamos otra vez por el silencio. Menos Laura, que hizo algo por cuenta propia y sin avisarnos. Le llamó por teléfono a Refugio y le habló de la muerte con palabras cálidas, hermosas y convincentes. La tremenda muerte.

No sé cómo de pieles tú puedes llegar

Media hora después Refugio Gallo de Millán se suicidó con pistola.

La velaron con la tristeza propia de tales acontecimientos, se condolieron sus allegados por la inolvidable pérdida, por el sensible acaecimiento, lloraron. En especial su padre, el más humano de los Gallo. Era tal la incontenible sed de venganza que se había apoderado del viudo Martín que, no sabiendo qué hacer con las manos, sin darse cuenta arrojó por la ventana a Tobi, el pobre pequinés de los Millán que durante tantas horas acompañara a Refugio en vida.

Martín y los Gallo redoblaron entonces sus promesas de venganza bajo la música a todo volumen que Manuel, como detalle, había sintonizado en la radio: *Los Nibelungos.*

Y en efecto, días más tarde Martín llamó a la puerta de nuestro departamento para anunciarnos, muy *gentelman* de su parte, los planes que había concebido. Nunca antes lo habíamos visto tan correcta y elegantemente vestido. Portaba un lustroso traje de etiqueta, bastón de empuñadura plateada, guantes de piel, mancuernillas de oro, loción de afamada marca y zapatos de charol.

Lo invitamos a tomar una tizana con nosotros y a que nos platicara los pormenores de su plan. Nos dijo, en un español del siglo XVII que Javier se encargó rápidamente de identificar, que la siguiente batalla sería la última y que su bélico cerebro lo había llevado a concebir una guerra entre los dos edificios, para lo cual él ya había solicitado y obtenido la colaboración de sus vecinos. La fecha, sin lugar a discusión, nos dijo, sería el domingo siguiente. Hora: ocho a. m.

Se despidió de todos, nos brindó sus plácemes y parabienes y, con fingida actitud deportiva, nos deseó suerte en la contienda. Antes de salir amenazó a Laura diciéndole que el domingo la iban a tirar por la ventana entre todos sus aliados. A Manuel sólo le cerró un ojo: era sin duda un símbolo, según interpretó Javier.

Laura se horrorizó al imaginarse a sí misma como una estampa, una calcomanía extendida sobre el papel aceitoso del pavimento. Escaparía de ella ese aroma de conífera que tanto la había caracterizado en los altos círculos de empresarios texanos, para dejarse envolver por el amargo hálito de la muerte. La tremenda muerte en forma de hojaldre sobre el asfalto que la vio nacer.

Más si osare un extraño edificio

Mientras Javier estudiaba pacientemente en la biblioteca las estrategias inglesas de la Segunda Guerra, Laura se hacía cargo de reclutar a los vecinos. Todos aceptaron de buena gana. Apenas había tiempo para organizarse y comprar las provisiones y los armamentos necesarios. El viernes sería la junta definitiva del Frente, el sábado las prácticas y los simulacros y el domingo la esperada conflagración.

Casi todos nuestros vecinos acudieron a la cita el viernes una hora antes de lo fijado, con sus propuestas de ataque y de defensa por escrito. Algunos llegaron vestidos con trajes del ejército; varios niños lucían sus recién planchados trajes de Supermán, Robin Hood y D'Artagnan, y el crítico de cine del 201 se presentó con una gran piedra sobre la espalda y con una antorcha encendida en la mano. Era conmovedor ver el entusiasmo y el arrebato de todos los comoradores del edificio.

La actriz del 609 ofreció conseguir un permiso de la policía para cerrar la calle al tránsito ese día. El jinete del 1003, comandante Tor, aseguró haber conseguido una bazuca que, a petición de Javier, sólo sería utilizada como último recurso. El sastre del 701 compró sin consultarnos un millón de alfileres sin saber bien a bien para qué podrían ser útiles. Y el fabricante de lijas de agua del

125

909 prometió distribuir al día siguiente entre los vecinos taladros, desarmadores, tachuelas, martillos, pinzas, sierras, rondanas y lijas de distintos grosores. Un niño, no menos entusiasta que los adultos, ofreció su resortera, ofrecimiento que a Javier le arrancó una redonda, transparente y emocionada lágrima.

La gloria solemne de los estandartes

La noche empezaba a ceder ante los primeros rayos de la mañana cuando Javier, a través de un altavoz, resumió las ideas expuestas por los integrantes del Frente y determinó las estrategias a seguir, guiado siempre por su irrefrenable vocación democrática.

Una vez pormenorizadas las líneas de acción, Manuel propuso un toque de elegancia y distinción, tan propio de él: antes de comenzar el ataque, en todos los tocadiscos de nuestro edificio se pondría simultáneamente a Ravel. Para ello, había comprado unas cuantas docenas de *boleros*, que repartió en medio de la gozosa algarabía reinante.

Durante la víspera, antes de los simulacros, Laura dio el visto bueno a las instalaciones. El departamento de la odontóloga del 102 quedó habilitado como enfermería, y el ginecólogo negro del 108 fue nombrado responsable. Por la mañana, Javier había comprado vendas, alcohol, merthiolate, violeta de genciana, jeringas, ampolletas varias, aspirinas y aspirinitas. La sala del acupunturista del 305 se acondicionó como comedor, por si la guerra duraba más de lo previsto o simplemente por si alguien tenía antojo. Para tal efecto se habían comprado muchas latas y embutidos, huevos, refrescos, chorizo, pan pre-tostado, duraznos de Chihuahua, especias (que tanto le gustan a Laura, especialmente el eneldo) y un kilo de arenques ahumados (para Javier).

Algunas personas ajenas al edificio que se enteraron de la guerra nos llamaron por teléfono para brindarnos sus servicios y su experiencia. Al principio Manuel los aceptaba, los anotaba en la lista y les daba instrucciones precisas. Luego, conforme el número de voluntarios crecía, y previniendo el advenimiento de una catástrofe, los rechazaba amigablemente. La gran azotea estaba ya programada para unos cuarenta francotiradores aliados.

Un general del ejército, compañero de dominó del agrimensor del 1114, sugirió la presencia de un batallón y un tanque en las afueras de la manzana. Javier, tan sereno como una revista de consultorio médico, lo convenció de claudicar. Por su parte, el sindicato de voceadores −que ya había dado tanta publicidad a la guerra− propuso un comando de intrépidos muchachos que incendiarían el edificio enemigo. Esta vez fue Laura la que tuvo que convencer al líder de que se trataba de una guerra privada.

Después de los simulacros y los preparativos del sábado −que se hicieron en secreto en un parque clandestino de beisbol en las afueras de la ciudad− ofrecimos un vino de honor como muestra de nuestro profundo agradecimiento.

¡Cárajan!

Sábado, media noche. Manuel no quiso arriesgarse: convocó a un ensayo general de la música de fondo.

Salió a la terraza de rigurosa levita y, batuta en mano, lanzó al aire una luz de Bengala. Al unísono explotó el *Bolero*. A pesar de que la chipriota del 505 tuvo un considerable retraso, Javier –que durante mucho tiempo se dedicó a estudiar la *sincronía* desde el punto de vista metafísico– aprobó la conjunción armónica con un fino movimiento del dedo índice.

En el departamento de Martín se encendieron unos cuantos watts. Lo vimos asomarse por la ventana, sorprendido por algo que él tomó seguramente como un signo de reconciliación. Manuel se encargó de desengañarlo con la misma moneda simbólica con que días antes lo había amenazado: le cerró un ojo.

El ser y la nata

Domingo, ocho a. m. Una brisa fresca, un tenue canto de pajarillos y de inmediato el *Bolero* de Ravel que inundaba el edificio, la calle, la colonia entera. Sonó una trompeta en el piso doce, y en seguida la entrada de nuestro moderno Caballo de Troya empezó a vomitar gente armada. Los contrincantes salieron con algunos segundos de retraso, uniformados con vistosos trajes amarillos, boinas rosadas y escudos plateados. De entrada nos dispararon globos con gasolina y flechas en llamas, armas consentidas del alma pirófila de Martín. De algunos pisos salieron ráfagas de municiones y grandes cantidades de cubitos de hielo. Una vieja, notoriamente loca, bañaba a la multitud de la calle con una regadera provista de ácido nítrico. Mientras, el torero del 306 le dio la alternativa al técnico agropecuario del 703 para que pudiera dar muerte profesionalmente al novillo que nuestros rivales habían soltado por las aceras. Sólo obtuvo una oreja.

Entre tanto, con un tino inmejorable, Martín disparaba canicas hacia los cráneos de los enemigos. A Laura le tocó una agüita en la barbilla. De inmediato, ella la devolvió con todas sus fuerzas hacia la ventana donde su agresor se burlaba, pero como éste se agachó a tiempo, la canica fue a parar al centro del tocador. Su loción más costosa bañaba el piso. Martín lloró un poco.

Los niños se picaban los ojos y se mordían entre sí. Uno, disfrazado de cacahuate garapiñado, lamía y babeaba a los caídos. Era desagradable mirarlo. Javier tuvo que propinarle un severo coscorrón en el parietal ante las risitas de sus víctimas. Otro niño, con atuendo de médico, intentaba coserle la boca con hilo y aguja a un anciano derribado. A su lado, una niña escupía majaderías y hacía señas obscenas a una señora que rezaba por la paz.

Los de abajo

La batalla, que Manuel y yo observábamos desde la ventana con nuestros nuevos binoculares, se desarrollaba armónicamente. Talión por doquier: los que golpeaban, también eran golpeados; los que mordían, a dentelladas atacados; los que incendiaban, encendidos; los que hacían chipotes, descalabrados; los que insinuaban, desmentidos. Hubo quien perdió un diente y se lo cobró mediante la profesional intervención de la odontóloga del 102. Sólo un ojo, que miraba como estatua griega desde el asfalto, se mantenía sin correspondencia, solitario, impar.

Desde las azoteas y ventanas de los pisos más altos caía todo tipo de objetos y sustancias: gatos vivos, lociones baratas, tinta china, miel de abeja, puñados de alfileres, salsa tártara. Los de abajo pronto tuvieron que conseguirse paraguas e impermeables para protegerse de los ataques aéreos. Unos cuantos prefirieron concertar batallas particulares invitando al enemigo a proseguir el combate bajo el techo y el cobijo de sus departamentos.

A juicio de Laura, la gente empezaba a enloquecer. Hasta el comandante Tor perdió la calma y apuntó con su bazuca a la muchedumbre; Javier tuvo que aplicarle una inyección lechosa en la espina y esconder el arma detrás del refrigerador. Don Julio, el bibliotecario del 108, también perdió la compostura: desde una ventana del quinto piso vomitó al hilo tres pequeños y frágiles conejitos que fueron a estrellarse contra la banqueta.

Muchachos con atributos

Con los primeros acordes del segundo movimiento del *Bolero*, el humo de los neumáticos quemados en la calle apenas dejaba ver las siluetas de los guerreros que aún se mantenían en pie. Vimos cómo los bucles de dos abuelos que se batían entre sí se circundaban de armiño al tiempo que un escolar, junto a ellos, leía en voz alta la *Paideia* a un grupo nutrido de señoras. Y distinguimos sobre diversos puntos del escenario bélico algunos cuerpos derribados, entre fogatas, basura, cadáveres de gatos. Era un cuadro terrible. Algo comparable a ciertas películas que no vale la pena recordar. Un auténtico estercolero espiritual. El gran tinglado del mundo ante el cual, en vez de aplaudir una buena representación, se antoja masticar varios antidepresivos. Manuel lo hizo. Masticó tres. Aunque pronto se dio cuenta de que todo era en vano, pues el efecto tardaría demasiado, y de que la depresión que se le anunciaba con heraldos negros no podría ser detenida con una sesión doble de psicoanálisis ni con su programa favorito de la televisión. Un algo desastroso, inconcebible, final. La espantosa realidad de lo que era el mundo. Se le ocurrió una frase, que me dijo al oído para que yo la apuntara en su diario: «El hombre es el lobo del lobo». No pudo más. Su alma se encontraba seca, destrozada; era un soplo insignificante. De algún lado tenía que sacar fuerzas para enfrentarse con ese hormiguero que luchaba ante sus ojos, que pugnaba por pugnar.

Desde su refugio, una tienda de campaña situada en el centro del campo de batalla, Javier –tan humano como siempre y tan dueño de sí mismo– reflexionaba. Sus pensamientos lo encaminaban a concebir un término, un tratado de paz irrevocable e infalible.

Finalmente, Manuel se decidió a salir a la terraza con paso firme y a gritar con todo el aire de sus pulmones: «¡Silencio, podredumbre humana!» Hasta el *Bolero*, atento a la voz y a los sentimientos del joven caudillo, tuvo que acelerar a casi 50 revoluciones por minuto las últimas notas de su segundo movimiento para ceder el paso al silencio pedido. Javier lo secundó con igual asco y sin menos volumen: «¡Deteneos ya, hombres vacíos!»

Un poderoso silencio se hizo en torno. Los mirones de nuestra guerra –apostados en las azoteas de los edificios cercanos, en helicópteros, dirigibles, semáforos y postes de luz– quedaron tan sorprendidos por el decidido grito de Manuel y por la emotiva y terminante orden de Javier que no se atrevieron siquiera a murmurar. Las cámaras de televisión fijaron sus lentes en la expectante multitud, mientras los fotógrafos de los diarios abrían y cerraban incansablemente el obturador de sus Nikon sobre los rostros azorados de los ex beligerantes.

Bocas de púrpura encendida

Ravel concedió las primeras notas de su tercer movimiento para anunciar el saludo que Manuel hacía desde la terraza. Al instante estallaron los aplausos y los gritos. Luego se incorporaron Laura y Julia: vibrantes porras. Y después yo, con mi disfraz de conejito: cantos cursis pero sinceros.

Fue Manuel quien, con su inquietante serenidad, oriunda de la serranía que lo vio nacer, se dirigió a la representativa masa:

–¡Queridos concondomihabientes! ¡Queridos vecinos! ¡Estimados enemigos que nos acompañan! ¡Dejad correr el río sin que se tiña de sangre!

–¡Oh! –gritó la muchedumbre– ¡Que no se tiña, que no se tiña de sangre!

–Así es que yo os pido –continuó Manuel– que os deis todos la mano como muestra de amistad y que penséis en los próximos matrimonios y amasiatos que habrán de celebrarse entre los que estamos aquí reunidos.

–¡Yea! –coreó la masa– ¡Amémonos, amémonos, amémonos!

–Y a Martín –añadió Laura sin demasiado rencor–, démosle nuestro perdón.

–¡Cuaj! –clamaron todos, al tiempo que se intercambiaban manos y labios y se empezaban a formar las parejas de novios y amantes.

Javier no quiso proferir palabra ni hacer acto de presencia en la terraza: él siempre ha sido un hombre de acción y reflexión. Ante los aplausos de la comunidad salió corriendo rumbo al departamento de Martín y en unos cuantos minutos regresó con él, esposado y lloriqueante.

El acusado pidió disculpas con un altavoz. Ante el clamor sonoro de los ¡yea! y los ¡cuaj! soltado por el populacho, Martín derramó un par de cristalinas lágrimas, redondas como pompas de jabón. Levantó las manos al cielo, al amplio cielo.

Luego contestó a las preguntas de los reporteros.

Al autor de este manuscrito encontrado entre las páginas de un Quijote (Ediciones Castilla, Madrid, 1972, ilustrado por Doré, comentado por Clemencín, con un estudio crítico de Astrana Marín y encuadernado en Valencia por Ortells Ferriz) debió parecerle un sobrentendido comenzarlo con aquello de «En un lugar de la Mancha…» Independientemente de los cargos que pudieran hacerse contra él, habrá que reconocer que en efecto ése debió ser el principio, aunque no sea la región a la que se refiere.

Vivía allí un simple ciudadano de los de pantalones bofos, zapatos de charol, anteojos oscuros y chévrolet corredor. Unas latas de sardinas en aceite, dos botellas de tequila, un six-pack de cervezas, sobrecitos de alka-seltzer y café en abundancia eran casi toda su despensa. Y en el clóset, unos cuantos pantalones, otras tantas camisas, todas de estampado tropical –palmeras, manglares, tucanes, guacamayas, cacatúas–, dos corbatas de ocasión, una gabardina y un chaleco. Aparentaba los 45, pero había pasado ya de los 50; de pellejos curtidos y figura cuadrada, ex jugador de futbol americano, apasionado del dominó, afecto a las desveladas y diestro con una .22 usada que había comprado en una venta de garage.

De nombre Quijote y de apellido Hidalgo, sus ratos de ocio, que eran casi todos, los dedicaba a leer novelas policiales, con tal aplicación que consumía dos o tres diarias, y hasta temía que se le agotaran en las librerías antes que su fervor por la lectura. Y entre todos los autores que leía, Dashiell Hammett y James Handley Chase le parecían los mejores por la elaboración de sus historias y por el estudio detallado que hacían de la psique criminal. Aunque no siempre coincidiera en ello con su ortodoncista, también inclinado hacia el género negro, a quien parecían mejores y más reflexivos el Maigret de Simenon o el sin par Sherlock Holmes de Conan Doyle. En cambio, él prefería la intuición y el empuje de Philip Marlowe o de Sam Spade, e incluso las malhumoradas diligencias de Pepe Carvalho. En fin, era tal su pasión por los libros de detectives que pasaba las noches leyendo de copa en copa y las tardes de cigarro en cigarro, hasta que la pobre alimentación, las continuas desveladas y las crudas lo embotaron y le corrieron el cassette: su juicio franqueó, las neuronas desistieron y la cabeza se le fue llenando de los actos delictivos y los episodios heroicos abrevados en los libros, lo mismo matricidios y asesinatos alevosos que hurtos inverosímiles, balas perdidas, hechos de sangre, tráfico de estupefacientes y plagios consumados. Su febril locura lo condujo a concebir la muy disparatada idea de convertirse él en detective privado para salvar al mundo de la impunidad de los hampones, asesinos y malhechores, para contrarrestar los yerros cometidos por colegas diletantes, para casti-

135

gar a policías corruptos y para librar de la indefensión a ciudadanos honestos.

Lo primero que hizo fue transformar su casa en una auténtica oficina de detective, con su nombre en la puerta, un escritorio viejo, un sillón para clientes, una colección de pipas de regular calidad y un perchero. Su ya menguada fortuna la invirtió en manuales de Derecho, parque para su pistola, unas cuantas botellas de ginebra y otras tantas de Rose's Lime Juice. Rescató luego el empolvado walkie-talkie de su infancia, lo limpió y le puso pilas, así como una placa de policía que había comprado en Los Ángeles. Su viejo chaleco lo rellenó de fibra metálica, de esa que se usa para tallar las ollas cochambrosas, y le cosió el forro con esmero para industriarse él mismo un antibalas a la medida. Es verdad que para probarlo disparó un tiro sobre él, y fue tal el agujero que le hizo que tornó a repararlo y a reforzarlo con cuanto fierro viejo y oxidado encontró en la covacha de su casa. Fuese luego a la cochera a encerar su chévrolet 59, a revisar los frenos y a limpiar los ceniceros, pues en cualquier momento, lo sabía, las óptimas condiciones de su unidad podrían ser determinantes para la resolución de un caso.

Sin más preparativos que hacer por el momento, sabía que su tardanza para entrar en acción significaba pistas que se desvanecían, hoyuelos de sangre evitables, inhumaciones de víctimas inocentes y ocio para la elaboración de planes en mentes siniestras. Y como supuso que era inútil esperar en su oficina la llegada de un caso que resolver, se hizo a la calle con su gabardina, bien ceñido el chaleco antibalas y con el seguro libre en su pistola. Se internó con el chévrolet en oscuras zonas de la ciudad a recorrer calles y callejones, plazoletas y estacionamientos públicos, con los ojos avispados y atentos al menor descuido de asaltantes o al bulto de un revólver que pudiera advertirse en las espaldas de potenciales homicidas.

Cuando el combustible estaba por consumirse, y siendo casi la media noche, Quijote decidió beber una copa y pernoctar en el primer hotel que encontrara a su paso. En la puerta de entrada, dos putas que a nuestro detective parecieron damas indefensas a quienes podían robar sus valiosas joyas –que no eran otra cosa que collares de fantasía multicolores–, miraron con simpatía la extraña figura bombacha que se les acercó con un ruidoso tintinear de fierros viejos para ofrecerles protección hasta su residencia. «Protección vas a necesitar tú, porque sin condón no hay trato», dijo la una. «Y en cuanto a la residencia», dijo la otra, «por cincuenta pesos, las dos y el hotel.» La gentileza de tan notables criaturas conmovió aún más a Quijote, quien aprovechó para presentarse como detective privado y asegurarles que con él sus vidas estaban a buen resguardo, previo acuerdo sobre sus honorarios. Confundidas, por no concebirse a sí mismas como clientes, lo increparon: «Si no vas a comprar, no hagas moscas», palabras que al investigador parecieron un cumplido más y una aceptación de sus servicios. Mas Fortuna quiso que el honesto hombre franqueara la puerta del hotel y escuchara unos gritos lastimeros que provenían del piso superior. Nervioso ante la inminencia de su primer caso, desenfundó en el acto su revólver y con paso decidido subió las escaleras ante la mirada incrédula del administrador. Al llegar a la puerta de la cual emanaban las llamadas de auxilio,

Quijote tomó fuerzas y con certera patada la abrió de par en par. Ante sus ojos, un hombre montaba a una mujer con evidente ventaja y alevosía. «¡Manos arriba!», gritó al tiempo que apuntaba el cañón de su arma hacia el centro vital del agresor. Al obedecerlo, dejó al descubierto el cuerpo desnudo y sudoroso de la agredida, que no hizo el menor intento por cubrir sus intimidades, escena ante la cual su salvador, pudoroso él, cerró los ojos para que la vendedora de sus noches pudiera echarse encima una sábana, acto que aprovechó el cliente para desarmar al detective y tumbarlo al piso. Por más que gritaba «Soy representante de la ley» e intentaba sacar su placa para mostrarla, el facineroso le propinaba una buena cantidad de patadas y golpes y profería insultos a mares. Luego de un buen rato de castigo, Quijote fue arrastrado escaleras abajo y depositado en la calle. Un hilito rojo le escurría por entre las comisuras de los labios.

Una hora y treinta y siete minutos más tarde, Quijote despertó maltrecho y adolorido. Las puertas del hotel estaban cerradas y junto a él, de pie, un guardián del orden recién egresado de la Escuela de Policía le picaba las costillas con la punta de la bota. Luego de comprobar que le habían hurtado su pistola y el poco dinero de que disponía, Quijote se incorporó para presentarse ante el uniformado como detective profesional, explicar someramente la situación por la que había atravesado y con voz autoritaria ordenarle que preparara su arma para que ambos entraran al hotel a rescatar a la dama y a recuperar sus pertenencias robadas. Aunque con la duda bien calzada acerca de la cordura de su interlocutor, el policía desenfundó su pistola, más dispuesto a jugársela en una hazaña valerosa que le significara un rápido ascenso en la Organización, que a batallar contra un chiflado. Como llamaron repetidas veces a la puerta del hotel sin ser escuchados, Quijote pidió el arma al servidor público y dio un disparo a la cerradura, tal como había leído que tantos detectives hacían, a fin de que cediera a sus pasos. Quiso la suerte que la bala no sólo diera en el blanco, sino que fuera luego a rebotar en una de las tuercas que entrechocaban en el interior del chaleco protector. La puerta se abrió, y tras ella pudo verse al administrador del hotel que amenazaba con llamar a la policía, pero al ver al uniformado advirtió que su amenaza carecía de sentido. Sin perder tiempo, Quijote se lanzó escaleras arriba en pos del agresor, pateó nuevamente la puerta del cuarto y, para su fortuna profesional, encontró el cuerpo desnudo e inmóvil de la mujer que apenas hacía un rato había tratado de salvar de las garras de un maleante depravado.

–¿Dónde está el asesino? –gritó Quijote al presunto encubridor–. ¡Carajo! –añadió para ser más convincente, y seguro de que la rudeza de un Mike Hammer le iba a reditar mayores beneficios que la educación de un Hércules Poirot.

Como el administrador no atinara a decir palabra hasta saber si soñaba o no, el detective lo empujó contra la pared y le puso el cañón entre las cejas.

–No tengo la menor idea de quién sea ni dónde haya ido –contestó apresuradamente, temeroso de que la mano que portaba el arma no fuera del todo confiable–. Era la primera vez que lo veía. Lo prometo, lo juro, lo recontrajuro.

139

–¿Y la mujer? –preguntó Quijote sin dejar de encañonarlo.

–¿La Pantera Verde...? Así le dicen...

–Necesito la dirección de sus padres. Es nuestro deber notificarles su infortunado deceso.

–Sólo conozco su apodo... Quienes pueden decirle más sobre ella son Nacha y La Pescada, ¿las recuerda?, las mujeres con las que no pudo ponerse de acuerdo. Puede encontrarlas más tarde. Hacen la calle en la esquina de Lope y Cervantes.

Quijote sintió alivio al ver que había logrado hacer que el administrador desembuchara al menos parte de la información necesaria para iniciar su trabajo. Dio unas cuantas indicaciones al policía para que buscara pistas y, antes de dejar el hotelucho, anunció que más tarde se ocuparía de llamar al médico forense y a las autoridades competentes. La única pista encontrada en el lugar de los hechos fue un trozo de tela blanca que la víctima había apresado entre las manos. Era sólo una pieza que había que encajar, a la manera de Perry Mason, en el rompecabezas del delito.

–En apariencia –explicó Quijote una vez que estuvieron fuera del hotel– se trata de un caso muy simple, mi querido Watson.

–Mi nombre es Ciprián Escajadillo, señor –corrigió Watson.

–Veo que no eres versado en esto de la investigación policiaca, así que tendrás que creerme y, por lo pronto, dejarte llamar Watson. Como te decía, éste es un caso que parece de sencilla resolución. Sin embargo, cuando se trata de asesinos profesionales, mi experiencia dice que las cosas suelen complicarse y guardan siempre una sorpresa para el final. Por eso habrá que andarse con cautela. Antes que nada habrá que interrogar a un informante. ¿Tienes alguno?

–No –respondió extrañado–, la verdad no sé mucho de eso...

–Despreocúpate, lo encontraremos muy pronto –dijo el detective, y más tardó en decirlo que en fijar la mirada en un viejo que dormía en un zaguán–. Hélo allí, ante nuestra vista, porque he de confiarte que las muchas lecturas me han hecho comprender que nadie sabe más de lo que pasa en la calle que quien vive en ella.

Con la placa de policía angelino en una mano y el walkie-talkie en la otra, Quijote despertó al vago y lo inquirió sobre el paradero del asesino.

–Un hombre con una cicatriz en el pecho –empezó su retrato hablado–, de cabellos largos, bigote espeso y, seguramente, con una camisa blanca a la que le falta un trozo como éste –y le mostró al vagabundo su preciada evidencia.

Por creer que se trataba de una chanza y por continuar a la brevedad su sueño, el viejo fingió hacer memoria y mencionó el nombre de don Chema Torales, dueño del molino de nixtamal ubicado en la contraesquina y a quien le debía desde hacía tiempo una broma pesada.

Satisfecho de sus pesquisas, aunque receloso por la facilidad con la que se estaban ofreciendo, Quijote empuñó la pistola dentro de la bolsa de la gabardina y anunció a su aprendiz que el fin de su misión, para su desgracia, se hallaba demasiado cerca.

Una larga fila de niños, mujeres y obreros, esperaba turno para comprar sus tortillas en el molino. Pese a los insultos recibidos por quienes estaban formados, el detective y su discípulo se introdujeron en el negocio con alarde de confianza en ellos mismos. Al fondo se encontraba el que parecía dueño del local. Antes de que tuviera tiempo de darse cuenta de lo que pasaba, el detective lo amagó con la pistola.

—¿Chema Torales? —le preguntó.

Como se quedara mudo ante la súbita irrupción de tan singulares personajes, que parecían más extraídos de una tira cómica que seres de carne y hueso, Quijote dedujo de su silencio que quien calla otorga, y sin averiguar más le anunció que estaba detenido y acusado del asesinato de La Pantera Verde.

—Pero éste no tiene bigote —dijo Watson al investigador—, ni usa el pelo largo, es más, está casi calvo.

—Veo que muerdes anzuelos con carnada barata —respondió Quijote con calma, y a continuación pudo decir lo que ya le picaba en la lengua:— Elemental, mi querido Watson: este hombre ha querido despistarnos cortándose el pelo y el bigote.

—Pero bien podría no ser él —arremetió el ayudante en un momento de sensatez.

—Sabría reconocer la mirada de un culpable entre una multitud de sospechosos.

En lo que alegaban, don Chema —padre de cinco criaturas y honesto comerciante— se recuperó del susto inicial y se dispuso a sacarlos de su evidente equívoco. Mas la Fatalidad, que acude cuando menos se le espera a hundir al nadador más diestro, dispuso que un movimiento inesperado, que a nuestro detective pareció ofensivo y que no era a ciencia cierta sino la intención del buen hombre de buscar en su bolsa una fotografía familiar que los convenciera de su calvicie y su honorabilidad, lo hiciera jalar del gatillo. La primera bala penetró en el ombligo y la segunda ingresó en el cráneo. El estruendo de la pólvora dejó mudo a Watson por unos instantes. Cuando al fin pudo recuperar la voz volvió a dudar acerca de que el hombre que yacía en el piso fuera el mismo que había victimado a La Pantera Verde. Viéndose tras las rejas para purgar una condena que no merecía, expuso sus temores ante su jefe, a lo que éste respondió:

—¿Dónde has visto o leído que un detective sea puesto a la sombra por más homicidios que haya cometido? Además, si así fuera, recuerda que la difícil vida de un investigador está llena también de yerros que muchos inocentes pagan con sus vidas.

Diciendo esto, y ante los gritos de la señora que atendía el molino y las miradas de los curiosos que empezaban a entrar al local, Quijote anunció que se encargaría de llamar al médico forense y a las autoridades competentes para que terminaran el trabajo que él había comenzado y al que sólo faltaba poner el punto final: dar aviso a los familiares de la víctima, tanto del lamentable suceso como del triunfo de la justicia.

Nacha y La Pescada exponían sus bien dotadas piernas ante la mirada de los transeúntes cuando Quijote y Watson, a bordo del chévrolet, las invitaron a abordar. Desde la ventanilla, una reconoció a Quijote y le preguntó si ya se había decidido, aunque en cuanto vio al desaliñado acompañante que iba con él añadió que con policías no había trato, mientras que la otra prefirió divertirse: «Desde anoche nos han intentado robar no menos de diez veces nuestras joyas.»

–Mataron a La Pantera Verde –dijo Quijote a boca de jarro.

–¡Pobrecita! –se burló Nacha–. Tan bien que se veía viva.

–Y hemos acabado con su asesino –continuó el detective, al parecer sin percatarse de las burlas de sus interlocutoras.

–Fue él –se defendió Watson–, él lo mató...

–Necesitamos saber dónde viven sus padres para darles aviso. Es nuestro deber...

–¿Y por qué no le preguntas mejor a ella? Con un poco de suerte te contrata de guardaespaldas. Mírala, está allá –y La Pescada señaló hacia la esquina contraria justo en el momento en que La Pantera Verde había conseguido un nuevo cliente.

La familia de Damasco
o el acontecer de un fauno

Damasco era un padre feliz. Vivía solo, aunque podría decirse que estaba acompañado por sus álbumes familiares de fotografía. Magdalena fue el nombre que eligió para su primogénita; era hija –por así decirlo– de Sofía y nieta del señor Zertuche, industrial adinerado y controvertido. Como Magdalena no llegó nunca a ver la luz –un minucioso e higiénico legrado lo confirmó–, Damasco decidió transferir su nombre a la hija de una vecina. En el primer volumen de sus álbumes aparecía retratada en el parque al lado de su amigos de la colonia.

Luego del aborto, la ruptura con Sofía no se hizo esperar. A Damasco se le antojaba una separación caprichosa, producto del carácter intempestivo de su novia. Esperó varios meses su regreso, sin desesperarse, hasta que se enteró de que Sofía estaba pronta al matrimonio con alguien a quien no conocía.

El segundo aborto en la vida de Damasco, hijo de Lourdes, se llamó Miguelito, quien luego de su prematura y costosa muerte cedió su nombre a un tenista famoso. Miguel, pensaba su padre, era un niño superdotado, aunque un poco tímido. Los retratos que conservaba de él provenían tanto de la prensa y las revistas

145

especializadas como de las placas que el propio Damasco tuvo la oportunidad de sacar en un torneo celebrado en Michigan.

El único fracaso de la familia de Damasco, Katia, fue una niña que María Lozano quiso tener y que después de seis meses de insistente y disciplinado trabajo en pos del engendro no pudo –como sus medios hermanos– siquiera morir. El no nacimiento de Katia provocó el distanciamiento de sus padres, además del gasto de una fuerte suma de dinero destinada a investigar clínicamente cuál de los dos era el estéril culpable. Antes de conocer los resultados, Damasco otorgó a Katia una embajada en el mundo físico: la luna. Para tenerla consigo, compró *Tratado selenita*, *Con la luna en la mano* y un calendario lunar.

Los sustos de Damasco –a los que llamó por igual Pepe– habían durado en realidad muy poco. Con Elenita fueron diez días sin que la regla se pronunciara; con Sonia, una semana; y con Remedios apenas cinco días sin que la menstruación disipara las dudas. El Pepe de Elenita Quiroga aparecía varias veces en los álbumes representado por una ceiba de mediana estatura.

Hacía ya mucho tiempo que Damasco no tenía siquiera un Pepe. El menor de todos, hijo de Remedios, había cumplido ya los tres años. Aparecía en los álbumes bajo la forma de la hortaliza que Damasco cultivaba con esmero en su jardín. Zanahoria, calabaza, cebolla, ajo, acelga, el Pepe benjamín de la familia significaba para su padre la vida y la fotogenia.

Además de hijos y álbumes, Damasco tenía trabajo: desempeñaba un cargo de confianza en una fábrica de refrescos. Casi nunca salía a la calle, y cuando lo hacía era para ir de compras, trabajar o visitar a sus amigas.

146

Tenía una poderosa razón para salir lo menos posible por la colonia: Magdalena echaba casi todos los días novio y no se inmutaba con la presencia de Damasco cuando besaba a su pequeño galán en el parque. Aunque los celos se apoderaban de él, comprendía la indiferencia de Magdalena pues en realidad –Damasco no se engañaba– la vecina no era su hija hija.

Su única desgracia era no conocer cabalmente al Pepe de Sonia; se reprochaba a sí mismo haber transferido su nombre a algo tan abstracto: el kilo, pero ya nada podía hacer. Damasco observaba kilos exactos de espárragos o de colecitas de Bruselas sin llegar nunca a sentir en esos montoncitos la presencia de su hijo; su consuelo era cerrar los ojos algunas noches y sopesar en una mano un kilo de azúcar o de tortillas.

Sus seis hijos consumían una gran parte de su tiempo y le causaban tantos placeres como problemas. Por ellos tenía que viajar –Pepe-ceiba vivía a casi mil kilómetros de su casa; y qué decir de su hijo tenista– y soportar sarcasmos y burlas de los demás. Sentía que todos aquellos a los que había confiado la existencia de sus hijos imaginarios lo señalaban y lo tiraban a loco.

Sin embargo, desde hacía algún tiempo quería tener un hijo más: lo que fuera: susto, fracaso o aborto. A María Lozano le pareció ridícula la propuesta de Damasco: ella ya estaba casada, tenía un hijo llamado Nicolasín y le debía fidelidad a su esposo. Luego se le ocurrió que la secretaria de su jefe podría ayudarlo, pero ésta lo corrió con hirientes palabras: «Nunca pensé que usted fuera tan sicópata como dicen.»

Desesperado, aunque firme en su decisión, Damasco se echó a la calle en busca de una aventura. Invitó a restaurantes caros, bailó tango y chachachá, se vistió a la última moda, llevó serenatas y lo único que obtuvo a cambio de sus gentilezas y piropos fueron rotundas negativas. Ni siquiera una promesa pudo arrancar.

Una vez en su casa, recapacitó. Su error había sido informar a sus ligues acerca de sus propósitos. La solución la encontraría ocultando esa parte de su conversación a las muchachas. Además, pensó, una ciudad donde no lo conocieran ayudaría a que su ánimo y su tranquilidad fueran mayores.

Ahorró durante varios meses, pidió prestado al señor Zertuche –a fin de cuentas, abuelo de Magdalena–, vendió su televisor a colores, su automóvil y un terreno que tenía en Bogotá, y viajó, a principios de diciembre, a París.

Cerca de la Torre Eiffel encontró a una coreana a la que pronto pudo hacer el amor, acto que, a la vez que lo complació, lo motivó. Consciente de que sus planes con la oriental podían fallar, quiso brindarse a sí mismo otras oportunidades. Dos francesas, una rusa y una ecuatoriana se sucedieron en menos de una semana. Un susto, eso era todo lo que les pedía.

En casi tres meses no había obtenido de sus amantes ninguna noticia halagadora. Y la incertidumbre lo deprimía. Por eso decidió adoptar un camino más fácil: pagar por ello. Acudió a las profesionales y desembolsó por el servicio 400 francos. La empleada que le designaron era una brasileña de ojos claros. Al verla, Damasco encontró al momento el nombre de su futuro fracaso y su transmutación: se llamaría Nelson y sería el Amazonas. Pronto se desilusionó. Después de una botella de champaña en un compartimento a media luz y de que Damasco le explicara a la profesional que él pagaría la cuota diaria con tal de que ella intentara el fracaso, la brasileña le dijo que no podía complacerlo por dos razones: porque tenía un dispositivo en sus entrañas que no pensaba extirpar y porque en caso de que se lo extrajeran, podía fracasar el fracaso y quedar embarazada. «¡Abortas!», respondió Damasco lleno de alegría. La ojiclara no quiso decir nada más: le vació la copa de champaña en la cabeza y pidió auxilio. Cuando otros clientes y empleados del lugar acudieron a la llamada de la brasileña, Damasco, que sentía que lo habían engañado, quiso reclamar su dinero, pero un africano del doble de su estatura lo depositó en la calle sin ninguna explicación.

Desencantado y triste, Damasco vagó toda la noche por las calles de París. Primero pensó que quizás en otra ciudad –como Roma o Leipzig– podría encontrar lo que deseaba; luego creyó que su error consistía en esperanzarse demasiado. Después de cavilar para sus adentros hasta la madrugada se convenció de que todo era cuestión de paciencia.

Decidió entonces continuar con su anterior estrategia. Por la mañana llegó a la tienda de ropa donde trabajaba la coreana vestido a la manera juvenil; ella lo citó en un bar al otro extremo de la ciudad. Tuvo que esperar, leyendo a Pierre Loti, hasta que cerraron el lugar sin que llegara la nativa de Corea.

Al día siguiente no se dejó llevar por la depresión y fue por la ecuatoriana. Vivía cerca de la Puerta de Lilas. Hicieron el amor tres veces esa noche, dos la siguiente y una cada día de los que siguieron, hasta que por fin Amalia, la ecuatoriana, le dijo a las tres semanas que creía estar embarazada. Damasco no ahorró energías para demostrar su entusiasmo y la invitó a cenar a un restaurante griego. Ella no comprendía la felicidad con la que su amante mexicano brindaba y consumía brochetas de mariscos.

Al terminar el café le dio la noticia: «Voy a abortar.» Damasco corrió al baño a meditar y al rato regresó a la mesa para ordenar dos copas de coñac y reiniciar con más brío sus festejos, ya que al ser aborto y no susto, pensó, no tendría que ponerle Pepe a su hijo. Nervioso, impaciente, finalmente le preguntó: «¿Cuándo?» «Mañana», se apresuró a responder. «Te acompaño», se apuntó Damasco. «No, reyecito, me va a acompañar Nathalie Nerval.» «Entonces avísame cuando todo haya acabado. Y no te preocupes: yo pago la cuenta.»

No durmió un solo minuto esa noche: bebió calvados en su hotel e imaginó a su futuro hijo bajo la forma de un albatros voraz y libre. Por la mañana estrenó pantalones y tirantes rojos y se dirigió a casa de la futura madre dispuesto a recibir las buenas nuevas.

«¿Ya?», la interrogó en cuanto ella abrió la puerta. «No, amorcito, he decidido tener al bebé», respondió en ecuatoriano. A Damasco la noticia le llenó el espíritu de júbilo y los ojos de lágrimas. Ese mismo día cambió su ropa a casa de Amalia y compró chambritas, cuna, juguetes, pañales, biberones y una autopista.

Así pasaron dos meses, los más felices que había vivido en su vida, hasta que Damasco, que no notaba en la futura madre ningún aviso del embarazo, se permitió dudar. Discutieron toda la noche acerca de la seguridad de la preñez. Ella lo amenazó con abortar y luego le dijo que todo había sido un engaño. Él se enojó demasiado y ella un poco más. Terminaron aventándose los mamelucos y los pañales.

En la calle, Damasco pensó en el enigma: el hijo de Amalia, ¿sería aborto, fracaso, susto o realidad? Su duda lo condujo a un bar, y dos copas le brindaron la respuesta: su hijo sería un *enigma*, y como tal, como hijo suyo, tendría un nombre y una embajada en el mundo de los vivos. Le puso Norman y eligió como representante al Sena. Toda la noche la pasó junto a él, brindando, cantando canciones de cuna y lanzando copas contra su torrente.

Por la mañana, tardó en darse cuenta de que se había quedado dormido sobre la plataforma del río y, antes de intentar curarse la cruda, decidió su destino: tener un hijo de verdad. Pensó en cinco distintas maneras de hacerse de una criatura viva:

a) Por amor, proceso que culminaría después de nueve meses, si la suerte estaba con él, y que implicaría matrimonio y convivencia con la madre;

b) Por adopción, lo que tenía como definitivo inconveniente el que no fuera hijo suyo, sino de quién sabe quién;

c) Por clonación que le causaba horror al imaginar un Damasquito idéntico a él;

d) Por rapto, con el mismo problema de b) y con el riesgo de ser aprendido por el delito; y

e) Por otros medios científicos: ¡un hijo de probeta!

El precio era más alto de lo que había imaginado: doscientos mil dólares, además de su traslado a Londres, unos cuantos millones de espermas y un óvulo. De todo eso, el dinero era lo más difícil de obtener, aunque no imposible. En cuanto al óvulo, podría comprarlo o pedírselo a la coreana.

Ella no sólo consintió a la petición de su amigo mexicano, sino que se ofreció a acompañarlo hasta el fin de su aventura. Ya en Nueva York, Damasco y la coreana asaltaron día y noche. Sin importarles su cansancio, vaciaron las carteras de todos aquellos a los que apuntaron con sus revólveres, hasta que, al término de año y medio, reunieron la suma requerida.

Un jueves llegaron a la Compañía In Vitro Corp., en Londres, con dos maletas llenas de billetes y con esas ganas tan peculiares que se tienen cuando a uno le van a extraer sus células productoras de vida. Llenaron la solicitud y pasaron a la sala de extirpación.

Damasco se atrevió a solicitar un varón, pero los científicos no pudieron prometerle nada. Sin dar mayores explicaciones a su negativa, se entregaron a la laboriosa tarea de extraer a los futuros padres las células engendradoras. Una enfermera les dio cita varios meses después, tiempo que dedicaron a ir al teatro, comer en restaurantes orientales y copular con ahínco. Y tiempo, también, durante el cual Damasco se enamoró por primera vez en su vida.

Al cabo de casi dos años de su partida de México, el feliz padre de dos abortos, un fracaso, tres sustos, un enigma y un bebé volvió a casa con Elvis, su hijo de probeta, y con la bella Wong.

Luego de cortar y saborear una zanahoria de su hortaliza, de sostener durante cinco minutos un kilo de clavos y de hojear, junto con su esposa, todos los álbumes familiares de los que tanto le había hablado, Damasco improvisó en la sala un estudio de fotografía y le tomó diez rollos al fuerte, bien nutrido y oriental Elvis.

Julio mató al PC

Desde entonces no podía dormir.

Se le aparecía en sueños, tendido sobre el pavimento, con un agujero colorado en el centro del pecho. En la vigilia también lo perseguía bajo la forma de un pez espada. Todo sucedió en las afueras de la iglesia de Dolores. Ni qué decir: el PC le había dicho cosas dolorosas. Julio, defensor de la sinceridad, se molestó por las verdades tan duras que había escuchado de sus labios.

Fue al aeropuerto y compró un billete. Necesitaba olvidar su crimen. Recuperar su libertad. Ser individuo.

El hotel se llamaba Nilsfonc y la empleada de la caja Dulce de Flor.

Consiguió un mapa de la ciudad en la administración. Sin embargo, de pronto recordó que él no había ido a conocer la ciudad, sino a olvidar. Pero algo tenía que hacer para pasar el tiempo.

Acudió a un pequeño restaurante llamado Nilstern y pidió un pescado de nombre *tomatillo*.

Julio se miró las manos. Eran manos homicidas, olorosas a pescado.

Por la noche, Dulce de Flor lo invitó a pasar. En el Nilsfonc no existía una reglamentación que impidiera a una empleada invitar a pasar a un cliente. Nevaba. Julio pasó con Dulce de Flor.

–Es extraño el estado del tiempo –dijo, por decir algo.

–Es extraño –respondió, por responder.

–¿No tienes miedo de compartir la alcoba conmigo?

–No. Habrás tenido tus razones para asesinar.

–Sí, razones tuve.

Cenaron en Nilstern sendos tomatillos con guarnición de colecitas de Bruselas y una botella de vino búlgaro.

Un hombre hizo bailar a un oso en la calle. A los transeúntes les resultó gracioso ver que un hombre hiciera bailar a un oso en la calle. Para Julio fue gracioso ver que a todos les daba gracia que el hombre hiciera bailar al oso en la calle.

–¿Quieres pasar otra vez?

–Sin duda.

Hablaron del PC como si Dulce de Flor lo hubiera conocido.

–Hay un límite para decir verdades, ¿no crees?

–Lo creo. Pueden decirse verdades amables y verdades dolorosas. A mí me han dicho verdades de los dos tipos.

–La del PC fue una verdad dolorosa.

–Comprendo que hayas decidido matarlo.

–Fue una decisión difícil.

–Necesaria, supongo.

–Además, ya todo es irremediable.

–Así es la muerte.

–¿Quieres desayunar?

La ciudad estaba en calma porque aún no amanecía. Julio y Dulce de Flor caminaron algún tiempo hasta que encontraron un lugar abierto para desayunar.

–Qué triste.

154

–Sí. El barrestaurante del Nilsfonc no está abierto toda la noche. Cierra a las doce.

No debes apenarte por ello. No eres su dueña.

Julio pasó una vez más e invitó luego a Dulce de Flor a que lo acompañara de regreso a casa. Fueron al aeropuerto y compraron billetes.

–¡Me gusta tu casa! –exclamó al abrir la puerta del dormitorio de visitas.

–No me quejo.

Dulce de Flor se instaló. Iba todas las mañanas al mercado, ubicado en la contraesquina de la iglesia de Dolores.

Julio iba todos los días a trabajar a su fábrica de instrumentos de cirugía. Los empleados habían comprado plantas para adornar su oficina. No querían que el jefe siguiera deprimido por lo del homicidio del PC.

–¿Dónde conseguiste tomatillos?

–En el mercado –respondió Dulce de Flor mientras servía la guarnición de zanahorias dulces.

–Compraron plantas en la oficina –dijo Julio, por decir.

–Eso te ayudará a no deprimirte por lo de PC.

Esa noche la luna parecía una bola de billar.

Martín y Valentina –vecinos– invitaron a Julio y a Dulce de Flor a cenar. Fue una velada de vino frío, tortellinis y cablevisión.

–Soy de Nilstarc.

–¿Oriunda? –preguntó Valentina.

–Totalmente. Mi bisabuelo fue alcalde.

Una gota de vino tinto resbaló por la barbilla de Dulce de Flor. La recuperó al instante con la lengua.

–Te noto repuesto –advirtió Martín.

–Sí, compraron plantas en la oficina.

El médico le dijo a Dulce de Flor que llevaba tres meses de embarazo. Julio recibió la noticia en el sillón de la sala. Leía un libro sobre la familia de Nilsgaig III. Le impresionaba mucho la tremenda apatía de la época. Comentaría esa lectura, años más tarde, con un hijo de Martín.

–Gracias –agradeció Dulce de Flor el regalo que Valentina le había llevado a su futuro hijo–, ¿qué es?

–Tú ábrelo.

Era un juego completo de cubos con letras.

La cesárea fue inevitable debido a problemas con la placenta. Además, el hospital no daba una atención espléndida, acorde con el alto precio de la habitación.

–Personalmente, estoy confundida.

–Es tan natural... –comprendió Julio.

–Le pondremos Maricela, si no opinas otra cosa.

Martín viajó a Mozambique –lugar que conocía por sus sellos postales– para contactar una serie de conferencias en las que hubiera posibilidades reales de hablar con la verdad. Pidió garantías.

Julio, en su calidad de guía, le había enseñado los principios necesarios para dar cualquier tipo de conferencias. «Lo básico es hablar con la verdad», le aconsejó durante un paseo en lancha por el lago Bryan.

A su regreso, Valentina le dio la noticia: habían procreado.

Años de disciplinada formación le dieron a Maricela la madurez necesaria para solicitar. Dueña de sí, solicitó a sus padres conocer Nilstarc.

–Es nuestro deber llevarte –pensó en voz alta su padre–. Es legítimo tu interés por conocer las raíces maternas. Con suerte podrías ser alcaldesa.

Compraron tres billetes. Cada uno pidió ventanilla.

El Nilsfonc ya había cerrado sus puertas y la ciudad era un verdadero caos. Hombres con osos por aquí y por allá le provocaron gracia a Maricela. A Julio le dio gracia que a su hija le pareciera gracioso el espectáculo de tantos hombres con sus osos en las calles. Le plantó un beso tierno en la frente mientras sacaba de su bolsa una moneda ennegrecida.

Luego de unos días de hacer turismo, y pese a los contratiempos naturales de una decisión de esa índole, a Dulce de Flor se le ocurrió mudarse definitivamente a Nilstarc. Lejos de la ciudad que guardaba el recuerdo de la muerte del PC.

–Me gusta esta casa –afirmó, emocionada, cuando encontró un piso acorde con su capacidad expansiva.

–No es para menos –consintió Julio cuando el vendedor les mostraba el baño de visitas.

El negocio que montaron, no mal ubicado en una calle céntrica de Nilstarc, se llamó Nilsgang. Era un negocio de compra-venta de palmeras.

Martín y Valentina siguieron el ejemplo. Viajaron a Nilstarc y alquilaron un piso.

Después de una exitosa conferencia que dictó sobre «Los diversos regímenes en pugna», Maricela inquirió al llegar a casa:

–¿Qué es eso?

–Tomatillo con salsa de limón –respondió Dulce de Flor.

–Debes comértelo muy caliente, porque si no sabe a fruta –previno Martín, que se había invitado a cenar ese día.

–Además, estoy embarazada.

Julio compró un lote de doscientas palmeras que revendió con buena ganancia. Eran de las más finas del mercado. Se las vendió a Martín y a Valentina para que ellos, a su vez, las revendieran a mejor precio. Era un negocio atractivo.

El hijo de Maricela pesó arriba de los tres kilos setecientos y fue premiado por su madre con el nombre de Indalecio. Valentina le regaló un juego completo de cubos con letras.

Por su parte, el hijo de Martín, Román, tenía ya veinticuatro años. Julio comentó con él el libro sobre Nilsgaig III. Quedó muy impresionado con la apatía de la época, en general, y de la familia, en particular. Luego hicieron origami con las páginas del libro y jugaron un rato a la palindromía.

Quién sabe por qué, Indalecio coincidió en el Nilsgarden con el nieto del PC. «¿Cómo llegó a Nilstarc un descendiente de la víctima?», se preguntaron Julio, Dulce de Flor, Martín y Valentina.

Fue entonces cuando Maricela se enteró vagamente de las cosas. Su madre no se animó a contárselo en detalle.

–¿Habrá sido difícil matarlo?

–No lo sé. Pregúntaselo a tu papá.

–Prefiero preguntar al párroco de la iglesia de Dolores. Supongo que llevarán una bitácora de los asesinatos que se hayan cometido allí.

Las palmeras que compraron Martín y Valentina tenían plaga. Era un gusano trepador, blanco con puntitos rosas, que mermaba la savia.

–Deberás reclamar abiertamente. Esto es un insulto a la amistad –se enojó ella.

Martín llevó muy lejos el reclamo, ya que hirió a Julio: segundo por lo de las palmeras plagadas y primero porque su amigo había invitado a pasar a Valentina. Ocurrió el flirteo en una terraza y la consumación en un cuarto del Nilstrof. Ambas habían sido noches otoñales.

Los empleados de la fábrica de instrumentos quirúrgicos viajaron a Nilstarc. Visitaron a Julio en el hospital, donde se reponía lentamente de las heridas infligidas por Martín.

–Gracias, muchachos –agradeció Julio a sus empleados, que habían llenado el cuarto de plantas–. He de decirles que lamento que este hospital no tenga para conmigo las debidas atenciones, acordes con el alto precio de la habitación.

Maricela compró un billete de ventanilla.

Llegó tarde a la iglesia de Dolores a preguntar por las razones de su padre para asesinar al PC. El párroco la invitó a pasar. Después de entretenerse, ella preguntó:

–¿Fue en legítima defensa?

–No he de mentirte, hija –aseguró el párroco luego de consultar la bitácora–. El PC era un hombre que decía verdades dolorosas. De ahí su mote.

Maricela regresó a Nilstarc. Estaba abatida.

Abrió la ventana de su alcoba. Afuera, un hombre con un oso daba gracia a los transeúntes.

Melancolía.

Dulce jugaba a las vencidas con Indalecio, un hombre ya de 32 años y 86 kilos. Hablaban entre sí acerca de lo mucho que detestaban ambos al nieto del PC.

En ese entonces, Julio jugaba al baloncesto con su equipo de minusválidos, el Nilsprrr. En las tribunas, Martín observaba con culpa los encuentros.

Reflexionó entonces Indalecio, ante un nutrido auditorio reunido en una sala de conferencias de Mozambique: «Si los hombres fuésemos conscientes del daño superior que puede infligir la verdad en el más firme de los seres, dos veces pensaríamos si debemos soltar la cuerda que empuje la flecha letal de la sinceridad.»

Se escuchó el decidido aplauso de Martín.

A la hora de las preguntas el nieto del PC, que acudió tendenciosamente a la conferencia, levantó la mano: «¿Podrá entonces inferirse que la verdad es dolorosa *per se?*, ¿podría suscitarse la muerte de un individuo a través de un engaño?»

–En efecto. Propongo un sí como respuesta a ambas preguntas –concluyó el especialista.

El mismo día en que reabrió sus puertas el Nilsfonc, Julio y Dulce de Flor fueron allanados en su domicilio. Robaron prendas de vestir, un televisor a colores y la libreta que Dulce de Flor llevaba como diario.

Al párroco no le cupo la menor duda: el sospechoso era el nieto del PC. Por ello viajó a Nilstarc y procedió a presentar la demanda ante las autoridades. El fiscal estuvo de acuerdo en que se trataba de una venganza. En esos momentos de apertura del país, era comprensible que un nieto sintiera el derecho de cobrar la factura atrasada de una muerte. Aun así el acto era ilegal.

La detención fue ordenada y el nieto del PC castigado conforme a las leyes vigentes en materia de allanamiento de morada y robo.

Una vez confeso, solicitó conservar el diario de Dulce de Flor para estudiarlo durante su reclusión. Nadie se opuso.

160

Los Alpes de Nilstarc se cubrieron de nieve. Como todos los años, el turismo acudió al lugar con los esquíes en hombros y con antojo de tomatillos. El Nilsfonc no tenía cupo y su barrestaurante ofrecía a los inquilinos música de banjo.

Maricela murió ese invierno, seis días después de que concluyera su periodo como alcaldesa. El párroco alcanzó a ofrecerle la Extremaunción antes de que el virus acabara con su vida. Sus padres presenciaron el sacramento.

El allanador cumplió la sentencia –tres años de reclusión en la penitenciaría de Nilsfils– y pronto rehizo su vida. Sus conferencias sobre la muerte de su abuelo fueron siempre muy apreciadas por los estudiantes y el público en general. También dedicó algunos meses a dar charlas informales sobre la sintaxis del diario robado.

Julio y Dulce de Flor se habían hecho una idea equivocada de las cosas. Sin embargo no lograron reconciliarse sinceramente con Martín y Valentina, quienes pronto cayeron en el olvido. Una foto de los cuatro se conserva en el barrestaurante del Nilsfonc.

Román entregó muchos años de su vida a hurgar en los archivos de Nilsgaig III. Un día adquirió la afición de asistir a las conferencias del nieto del PC. Siempre hacía preguntas.

E Indalecio. Puede decirse que no llegó a la muerte con las manos vacías: había comprado un oso.

Historia de lo que sigue

Después de una copa de tequila, tomé mi saco, comprobé que las tarjetas y las llaves estuvieran en la bolsa y salí en busca de algún lugar donde comer y beber a gusto. A esas horas, que yo supiera, estaban abiertos el restaurante chino y el bar Turín. Me decidí por el chino porque seguramente estaría vacío. Al llegar a la calle Diez un hombre de gafas y pelo cano me preguntó la hora. No tengo reloj, le dije. Sí tiene, me acusó. Apuré el paso. A una calle quedaba el chino. Pedí un menú que incluía sopa, cerdo y pollo, una cerveza y un tequila. El mesero tomó la orden y me dijo un momentito. Y en un momentito llegó con la cerveza y el tequila. En el restaurante sólo había una mesa ocupada, además de la mía. Un viejo con traje y corbata hablaba cara a cara con una joven china o japonesa. Bebían una botella de vino. Tienes ya el coche, le dijo él. Sí, pero no basta, respondió ella. ¿Qué es suficiente para ti?, preguntó él. Otra pareja entró en el restaurante. Ella tenía unas piernas macizas, grandes, enfundadas en unas medias negras, el pelo rubio, con una línea negra al centro, y una cicatriz en el cachete derecho. él parecía un actor de televisión, de esos que hacen chistes. Su gordura era sor-

prendente. Tomaron la mesa que estaba junto a la mía.
El mesero me depositó una sopa de lechuga y pasó a to-
marles la orden a los recién llegados. Un margarita y un
whisky y el mismo menú que pedí yo. La sopa no sabía
a nada. Tuve que echarle una cucharadita de picante y un
poco de soya. No mejoró mucho. De todas maneras me
la terminé. La joven china o japonesa se paró al baño,
situado justamente a mis espaldas. Escuché el chorro y
luego la cadena. Al pasar de nuevo frente a mí pude fi-
jarme en sus piernas. Eran blancas y huesudas. Encendí
un cigarro y llamé al mesero. Otro tequila. Un momentito. El gordo que parecía cómico de la televisión besaba
a la mujer de las medias negras. Estrechaban las copas
de margarita y whisky. Una joven, a la que no había advertido antes, se aburría en la caja. Miraba a la china o
japonesa con los ojos perdidos. El mesero me trajo al
mismo tiempo el cerdo y la bebida. Le quité la brasa
al cigarro y lo dejé en el cenicero para seguirlo fumando
después. El cómico y la güera recibían, al mismo tiempo,
sus platos de sopa de lechuga. El cerdo sabía a lo que saben todas las carnes chinas. Le eché un poco de chile y
otro poco de soya. Me supo mejor. El acompañante de
la china o japonesa salió del local. No me fijé si había
pagado la cuenta. Ella no parecía alterada. Mientras la
veía detuvo sus ojos en mí. Sonrió, con esa sonrisa que
pones cuando quieres ser amable, o cuando no estás seguro de reconocer al otro, o cuando buscas sin buscar
que te correspondan la sonrisa. Sonreí y bajé la vista al
plato. La güera pasó al baño. Oí otra vez el chorro. No
jaló la cadena. La china o japonesa me veía sin sonreírse.
En vez de sentirme aludido, decidí sostenerle la mirada.
Ella no bajó los ojos. Pasó un momentito hasta que el

mesero me retiró el plato y yo tuve que voltear para agradecerle. Noté también que la güera veía que yo veía a la china o japonesa, mientras el cómico hundía la cabeza en el tazón para tomarse el último sorbo de sopa de lechuga. Ahora sí me sentí incómodo. Tomé otro cigarro de la bolsa, en vez de volver a encender el que había dejado a medio consumir en el cenicero. Estaba indeciso entre tomarme otro tequila o no. La china o japonesa se miraba las uñas. El gordo besaba la nuca de la güera mientras ella levantaba un brazo y dejaba al descubierto una mata negra de pelos que le salía de la axila. Mirando hacia el techo, pasó la lengua por los labios. Hasta que el mesero les sirvió sus platos. Me dijo un momentito. Aproveché para pedirle otro tequila y para decirle que ya no me trajera el pollo. Ya está listo, dijo. Estoy satisfecho, de veras, respondí. Un momentito. Antes de que terminara el momentito, la china o japonesa se paró una vez más al baño. Se detuvo un momento frente a mí y se rio de no supe qué. No hubo chorro ni cadena. Salió la joven del lavabo y me preguntó la hora. No uso reloj, le dije. Deben ser más de las doce, me dijo. Yo creo, respondí. Voy a estar en mi mesa. Creí que se trataba de una invitación. Pero no me atreví a hacer nada. Le faltaba por beberse el último vaso de vino que quedaba en la botella. Se lo sirvió. Entonces, el gordo se paró al baño. La güera aprovechó para levantarse la falda y acomodarse las medias. No vio que yo la veía. Por temor a ser descubierto observándola desvié la mirada. Vi entonces que la china o japonesa me había visto ver el acomodo de las medias de la güera. Entre tanto, noté que el gordo de la televisión no había ido al baño a orinar, sino a devolver el estómago. No jaló la cadena. Tampoco salió de allí por los siguientes minutos. La chica de la caja se estaba quedando dormida: balanceaba la cabeza y de vez en vez abría un poco los ojos para cerrarlos de nuevo. Traté de localizar al mesero para pedir la cuenta, pero no se encontraba en el salón. Seguramente estaría en la cocina o en la barra. La güera se volvió a levantar la falda. La china o japonesa parecía divertida. No supe si con el espectáculo de la güera o con el mío. Se quitó un zapato, levantó una pierna y se sacó la media. Hizo luego lo mismo con la otra, sin preocuparse por volver a calzarse los zapatos. Tenía las uñas pintadas de rojo. Tuve ganas de ir al baño. Sin embargo, el hecho de que el cómico estuviera aún allí me inhibió. La china o japonesa esperó a que yo volteara a verla para quitarse también los zapatos. Subió los pies en la silla que había ocupado antes su acompañante. Me miraba a los ojos, seria. No tenía barniz en las uñas de los pies. El mesero apareció a lo lejos. La china o japonesa le pidió la cuenta. Hice yo lo mismo. Oí al gordo estornudar y luego sonarse los mocos. El apremio por ir al baño me impulsó a dejar la mesa y meterme en el de las mujeres. No había pasador. Antes de orinar me eché agua en la cara. Mientras orinaba, la cajera entró al baño. Sin importarle mi presencia se sentó en el excusado de junto. Se echó un pedo, que no olí porque me apresuré a salir del baño sin lavarme las manos. La güera, con la falda aún levantada, se tocaba los muslos rítmicamente, con los ojos perdidos en el techo. La china o japonesa me sorprendió otra vez viendo el espectáculo. Sonreí y levanté los hombros, creo. El mesero volvió a aparecer, como si buscara que alguien lo buscara a él. Miré a la china o japonesa a los ojos, fijamente. Ella se miró las manos. Luego se llevó un dedo a la boca. Oí entonces que el gordo caía al piso, todavía dentro del baño. Cuando el mesero me dio la cuenta, le pedí otra cerveza. Ya vamos a cerrar, me dijo. La última, pedí. Un momentito. Iba a llevarle su cuenta a la china o japonesa, pero yo pedí que le sirviera otra copa de vino. La última. Un momentito. La china o japonesa se había puesto ya los zapatos. Miraba distraídamente hacia la ventana. La cajera salió del baño y se sentó en mi mesa. Qué hora es, me preguntó. No tengo reloj. Ya deben ser más de las doce. Sí, eso creo. Yo salgo a la una, me anunció mientras se descalzaba una zapatilla roja. La güera, con hipo, se metió en el baño de hombres. El mesero le llevó a la china o japonesa su copa de vino y me señaló con el índice. Luego me trajo mi cerveza. ¿Quieres algo?, le pregunté a la cajera. Dame una coca, se dirigió al mesero. Ponte los zapatos, le respondió él y se dio vuelta. Así es, me explicó, siempre quiere darme órdenes. La china o japonesa pasó junto a mí sin verme y se metió en el baño. La cajera bajó la cabeza sobre la mesa y se acarició la nuca. Le dije un momentito, y me metí también al baño de mujeres. La china o japonesa se miraba en el espejo. En realidad no me gusta el vino, me dijo. Pensé que... Podemos pedir otra cosa. Está bien. Escuchamos que en el baño de junto la güera regañaba al gordo. ¿Por qué no nos lo tomamos aquí? Voy por algo, dije. Que sea un whisky. La cajera se había quedado dormida en la mesa. Un whisky, le pedí al mesero. Ya no hay servicio. Que sea el último, supliqué. Ya no se puede, vamos a cerrar. Saqué la cartera. No es eso, el dueño no permite que sirvamos después de la una. ¿Dónde está el dueño? No está. Entonces... ¿Quién se va a dar cuenta? Luego se da sus vueltas. Sólo dos whiskys. De verdad no. ¿Ya es la una? Pasa de la una. Entré de nuevo al baño. La china o japonesa estaba sentada en el piso, sin zapatillas. Me puse en cuclillas frente a ella. El mesero ya no quiere servir más, le anuncié. Así es, hay que insistirle mucho. Si tú lo dices, trato de nuevo. Espera. Me tomó una mano y la puso sobre su rodilla. ¡Que te despiertes!, gritó al lado la güera. ¡Ya quiero irme de aquí, pinche gordo de mierda! El gordo no contestó. Bajé la mano lentamente hasta el coño. Primero ve por el whisky, me dijo. La cajera ya se había despertado. ¿Podrás conseguirme dos whiskys?, le pregunté. Sí. Bajó nuevamente la cabeza sobre la mesa. Le acaricié la nuca. Hazme más abajo, pidió. Deslicé la mano por la espalda hasta que topé con el brasier. Luché un poco hasta que pude desabrocharlo. La güera salió del baño con el rostro pálido. ¡No contesta!, nos gritó. Puede haberse desmayado, pensé. El mesero apareció. Hay alguien desmayado, dije. Sí, venga a ver, le pidió la güera. Juntos, el mesero y la güera, se metieron en el baño. Vamos a la barra, le dije a la cajera, que luchaba por pasarse un tirante del brasier bajo el brazo. Al fin lo hizo y la prenda pudo salir sin dificultad por una manga. Dejó el brasier sobre la mesa y se paró. Fui tras ella. Mientras abría la botella de whisky metí las manos bajo la blusa. Sentí dos senos pequeños con los pezones levantados. Ella paró un momento, respiró hondo y sirvió hielo en los vasos. ¿Con agua? Sí. sí, como sea. Sirvió el whisky y me acercó la cara. Mientras la besaba le desabotoné la blusa. En cuanto pude, bajé la vista: sus senos eran blancos. Varias venas azules los cruzaban. ¡Hay que hacer algo!, gritó la güera. Sí, dijo en voz baja la cajera, hay que sacar a ese borracho de aquí. Que lo haga el mesero, le dije con los labios en uno de sus pezones. ¡Hay que llamar a una ambulancia!, siguió gritando la güera. Tranquilícese, oímos decir al mesero. Yo creo que está muerto. Dejé los senos de la cajera y me asomé a ver qué sucedía. La cara del mesero estaba tan pálida como la de ella. La china o japonesa había salido del baño y se asomaba al escenario de los gritos. ¡Hagan algo!, chillaba la güera. Yo creo que está muerto, coincidió la china o japonesa con la apreciación del mesero. Cuando notó el brasier sobre la mesa en la que yo había estado sentado me miró a los ojos con una amplia sonrisa. Voy a llamar a la policía, dije, nervioso. No, no, no, ordenó el mesero. Qué policía ni qué policía. Entonces… Lo podemos sacar a la calle. Tarde o temprano cualquiera se dará cuenta de que está muerto y le llamará a la policía. Pero eso es más riesgoso. No, no, a esta hora nadie pasa por aquí. La cajera dejó los vasos de whisky en la mesa y me tomó del brazo. En la cajuela del coche, se le ocurrió. Voy por las llaves. La güera, llorando, se fue al baño. La china o japonesa tomó uno de los whiskys y lo bebió hasta la mitad. Si quieres otro, te sirvo más, dijo la cajera, supongo que la casa invita. Sí, respondió mientras se tomaba la otra mitad. Voy por la botella. Mejor vámonos de aquí, le dije a la china o japonesa cuando estábamos solos. Ayúdale a meterlo en la cajuela y asunto terminado. Está bien. Sí, sí, te creo. La cajera llegó con la botella y un vaso más. Sirvió los tres y me tomó del brazo. Aunque me sentía incómodo, traté de no darle importancia. ¡Puto gordo!, oímos los gritos de la güera. Pinche borracho, dijo la cajera. Tengo la llave, anunció el mesero. Vamos por él, le dije resuelto. La güera, sentada en el excusado, con la falda levantada y los calzones en los pies, lloraba. El rímel le escurría hasta los labios. Todo olía a vomitada. Pesa un chingo, me advirtió el mesero cuando le levantó la cabeza al muerto. En cambio, como si no hubiera tenido yo una copa encima, levanté fácilmente al gordo de las piernas. Tengan cuidado. Poco a poco, con pasos muy cortos, llegamos al garage y metimos el cuerpo en la cajuela. Te esperamos aquí, le dije al cómplice. No, qué, tú me vas a ayudar a tirarlo. Bueno, voy a avisar. La güera, en la barra, bebía directamente de una botella. Creo que vodka. La china o japonesa y la cajera conversaban sobre gatos. No tardamos, dije. No tarden. Cuando llegué al garage, el coche ya no estaba allí: el mesero me esperaba en la calle. Los gajes del oficio, me dijo mientras se paraba en un alto. ¿Dónde lo vamos a echar?, me temblaban las manos. Aquí luego luego hay un lote. Sí había un lote baldío. Tenía reja y olía a basura. ¿Cómo lo vamos a cruzar?, pregunté. Es cierto. ¿Por qué no lo dejamos aquí, sobre la acera? ¿No ves a nadie alrededor? Miré hacia los lados. No, anda, vamos a sacarlo y asunto terminado. ¿Qué hora es? No sé, carajo, vamos a acabar esto de una vez por todas. Bajamos del coche, abrió la cajuela y sacamos el cuerpo. Pesaba más. Sin dejar de voltear hacia todos lados, lo dejamos en la calle y nos metimos de nuevo. Nadie nos vio, ¿verdad? Nadie, le respondí, muy seguro de mí mismo. ¿Lo habías hecho antes? No, ¿y tú? Una vez. Preferí no preguntar más. Pero él tenía ganas de contarme cómo había sido: a mi tío se le disparó la pistola y se mató. Mi padre nos dijo, a mí a mis hermanos, que habría problemas. Así es que decidimos echar el cadáver en un campo de beisbol. A esas horas de la noche no había ni un alma. ¿Y nunca los descubrieron? Nunca.

Yo tenía catorce años. Llegamos al fin a la Diez y dimos vuelta. ¿Te gusta Santa? Supuse que era la cajera, pero le pregunté: ¿quién es Santa? La cajera. Sí, no está mal. Su nombre verdadero es Auxiliadora. Estacionó el coche en la calle. Tómate algo, te va a caer bien. Luego llévate a Santa a un hotel. No te vas a arrepentir. Yo sé lo que te digo. Al entrar al restaurante, la china o japonesa y Santa seguían conversando. La güera dormía en el piso, junto a la barra. ¿Nadie los vio? No, fue un trabajo perfecto. Gracias a Dios. Hubiera sido un lío espantoso. Sí. ¿Están bebiendo algo?, se puso cortés el mesero. Le prometí al señor una copa. Yo quiero más whisky. Yo también. Yo también. Las dos mujeres se habían quitado los zapatos y habían puesto los pies en la misma silla. ¿Puedo?, les dije. Quitaron los pies para que me sentara y de inmediato los volvieron a poner sobre mis piernas. Estos cabrones, dijo Santa refiriéndose al finado, siempre te meten en apuros. Cuando no te vomitan el baño, se van sin pagar o te mientan la madre o se meten con los otros clientes. O se mueren. ¿Qué hora es? Deben ser las dos o las dos y media. ¿De dónde eres?, le pregunté a la china o japonesa. De Vietnam. ¿Y tú? De Ecuador. El mesero trajo una botella de whisky. Mejor quiero un coñac. Yo también. Un momentito. La güera está ahogada, dijo la vietnamita, ¿cómo la vamos a sacar de aquí? Deja que duerma un rato y luego la echamos. No va a ser la primera vez que suceda algo así en este lugar. Ya lo creo. Santa bajó el pie y estiró los brazos. Voy a ver qué hace. Capaz que también está muerta, bromeó. La vietnamita aprovechó para subir el otro pie a mis piernas. Tomé ambos con las manos y los froté suavemente. Voy al baño, me dijo. Llegó el mesero con las copas y una botella de coñac. Regresamos en un minuto, dije, y tomé de la mano a la vietnamita. Le ayudé a ponerse los zapatos. En el baño, ella se levantó la falda, se bajó el calzón y se sentó en la taza. Oí el chorro. Como un chillido, veloz. Me acerqué para besarla, pero ella me puso la mano en la boca. Se levantó de la taza y se subió los calzones. Yo tiré de la cadena y la seguí. El mesero había servido ya las copas de coñac y tomaba vino con Santa. ¿Cómo está la pinche vieja? Profunda. Yo creo que vamos a tener que echarle una cubeta de agua para despertarla. Todo a su tiempo. Hay que tomarnos la copa. ¿En dónde tiraron al gordo? En la calle. De seguro debe estar todavía allí. ¿Habrá sido el corazón? ¿Qué otra? El coñac no sabía a coñac. Sin duda la botella estaba rellena con un brandy barato. La vietnamita sí reclamó. Esto no sabe bien. No hay coñac, reina. Es todo lo que tengo. Vamos, no sabe tan mal. En más de un año nadie ha reclamado. Sí, déjalo, no está tan mal, traté de convencerla. ¿Habrá algo de comer? Creo que ya se me abrió el apetito. Me vas a hacer levantarme, dijo Marisol. No, ve tú, le dijo la vietnamita al mesero. Un momentito. La güera echó un sonoro ronquido. Levanté la copa para brindar. Sólo la vietnamita aceptó el brindis. Voy al baño, dije, seguro de que Marisol me alcanzaría allí. Me miré en el espejo. Tenía los ojos inyectados, la barba un poco crecida y claras muestras de cansancio. Traté de orinar, pero no salió nada. Subí el zíper y salí del baño sin que ninguna de las dos mujeres me hubiera alcanzado. Santa tenía la cabeza sobre la mesa y la vietnamita le acariciaba la nuca. Me senté entre ambas. Ya debe estar cansada, dije, y ofrecí mi mano también para acariciar a la ecuatoriana. Oímos de pronto el rugido de

171

la güera: ¡Qué...! El mesero: Espérese, señora, se va a caer. ¡Qué! ¿Qué le hicieron a Gulmaro? Cálmese, señora, cálmese. ¿Dónde está Gulmaro? No está en condiciones de... Sólo dígame dónde está Gulmaro. Señora, si no se calma... ¡Estoy calmada! Santa se recuperó y fue en auxilio del mesero. Dígamelo usted, ¿dónde está Gulmaro? Mire, señora, le dijo Santa, su esposo, o quien quiera que sea Gulmaro, se murió. Usted estaba presente. ¡Quiero saber dónde está! Se lo llevó la policía, mintió el mesero. ¡No me engañe, imbécil! Si empieza a insultarme, le aseguro que... ¿Qué me asegura? Ustedes dijeron que lo iban a tirar en la calle, ¿no es cierto? Eso les va a costar. Usted estuvo de acuerdo. Sí, le dije a la vietnamita, en todo caso ella es cómplice. Sí, que no se haga. Yo creo que lo mejor va a ser irnos, ¿no crees? Esto se puede complicar. Con histéricas uno nunca sabe. No, me dijo, vamos a ayudarles a calmarla. Lo que sucede es que está borracha. Le bajamos el pedo y asunto arreglado. ¡La van a pagar muy caro!, seguía la perorata. ¡Yo me encargo de meterlos al bote! Si quiere vamos por el cadáver, negoció el mesero, se lo entregamos en su coche y aquí no sucedió nada, ¿qué dice? ¿Y yo qué voy a hacer con un muerto? Cálmese, terció la vietnamita, nosotros no tuvimos la culpa. Yo creo que fue un infarto o algo así, le dije al llegar. La güera pegó un grito lastimero que a todos nos sobresaltó. Cálmese, cálmese, cálmese. ¿No quiere un coñac? Vamos pensando qué hacer. Entre todos, ¿me entiende? Yo creo, intervine, que lo que hicimos fue lo mejor. ¿Tirar a un hombre en la calle? Eso es indigno. Si no me lo regresan, la voy a armar en grande. ¿Y qué va a hacer cuando se lo entreguemos?, ayudó Santa, piénselo. Ya sabré qué hacer. El mesero me llevó aparte: ¿vamos? Pero, le dije, yo qué tengo que ver en todo esto. Es muy arriesgado. Deshacerte de un cadáver es fácil, pero ¡recuperarlo! Estoy seguro de que todavía está allí, me dijo. Yo no voy, me resistí. Eso sí que nos puede costar caro, no los gritos de esta histérica. La vietnamita me asustó: pegó su cuerpo a mi espalda. Me dijo al oído: ve, creo que es lo mejor. El mesero se reanimó: te espero afuera. Está bien. Espero que no nos estemos arrepintiendo al rato. Ya frente a mí, la vietnamita levantó las puntas de los pies y me besó. No se tarden, pidió Santa. No. Salí por la puerta de la cocina. El mesero me esperaba con el coche encendido. Si vemos que alguien pasa por allí, ni nos detenemos. ¿Y si ya se llevaron al cadáver? No creo. Pero si ya se lo llevaron, ¿cómo vamos a calmar a la gorda? Pinche gorda. Y pinche gordo que se le ocurrió morirse justo cuando ya iba a cerrar. La vez que se deshicieron del cadáver de tu tío, ¿no pasó nada? Al terminar la pregunta me acordé de que ya se la había hecho. Nada, al día siguiente fuimos a la delegación a levantar un acta. Dijimos que había desaparecido. Ellos ya lo tenían en la morgue. Hicimos declaraciones, firmamos papeles. En fin, perdimos uno o dos días, ya ni me acuerdo, y eso fue todo. Lo enterramos en la fosa familiar, en Silao. ¿Eres de Guanajuato? Sí, de Dolores. Una parte de la familia nació en Dolores, otra en Silao y otra en Salamanca. Aunque también tengo parientes en la República Dominicana. Tengo entendido que el papá de mi abuelo nació allá. ¿Has ido alguna vez? Nooooo, imagínate. Si alguna vez tuviera el dinero para ir a conocer a mis parientes de la República Dominicana, yo creo que preferiría gastarlo en un coche mejor que éste. Bueno, no tienes por qué quejarte, al menos camina. Sí, a veces. ¿Tú tienes coche? No, ni siquiera sé manejar. Llegamos a la calle en la que habíamos dejado al finado. Pasamos lentamente frente al lote baldío. No había nada. Ya se lo chingaron, me dijo. No, cabrón, yo creo que la policía se lo llevó. Puta madre. La gorda se va a poner... Y ahora qué hacemos. Sentí que el corazón se me salía. Vamos a pensarlo, vamos a pensarlo, hay que deshacerse de la pinche gorda. Creo que está abierto el Turín, me dijo. Nos tomamos una copa y la pensamos con calma, ¿de acuerdo? Bien, aunque no sé qué tomar. Tengo el estómago revuelto. Una polla, me dijo. O un bull. Tú déjame eso a mí. Vas a ver cómo te sientes mejor. El resto del camino hacia el bar Turín la pasamos en silencio. Yo pensaba qué hacer, aunque tenía la cabeza en desorden. Supuse que él también buscaba una solución. Tuve un impulso repentino por huir. Imaginé que nos metíamos en el bar, que con la excusa de ir al baño desaparecía de allí, que tomaba un taxi y que llegaba a mi casa, donde Daniela aún dormía. Daniela... Llegamos al Turín. Estaba abierto. El mesero le pidió al mesero dos pollas. Le dijo que no había. Entonces dos martinis secos. Puta, dije en voz baja. Tú confía en mí, te vas a sentir como nuevo. En el lugar había dos mesas ocupadas. En una, dos maricas pintarrajeados bebían brandy o ron o whisky con agua. En la otra, comían camarones un hombre canoso con su esposa canosa y su hija o su sobrina. Bebían refrescos. Voy al baño. Está allá, me señaló el mesero del restaurante chino, que al parecer conocía muy bien el lugar. Estaba al fondo. Era imposible huir de allí sin ser visto. Me miré la cara en el espejo. La barba estaba más crecida y los ojos menos inyectados. Alguien llamó a la puerta. No respondí, pues había un excusado y dos mingitorios. Entró la hija o sobrina. Perdón, se sonrojó. No, ya voy saliendo, le dije. La miré bien: el pelo le caía hasta la cintura, estaba muy abrigada, aunque con los pantalones muy delgados y flojos, llevaba una bolsa de mano en forma de pera y tenía los ojos llorosos. Me equivoqué, dijo nerviosa. Ya voy de salida, no se preocupe. Al salir cerré la puerta. Los martinis ya estaban en la mesa. Si se pone mamona, me dijo el mesero, nos la chingamos. No entendí. ¿Has matado?, me preguntó. No. Si se pone mamona, yo creo que se va a chingar a su madre. No estás pensando en matarla, ¿verdad? Nos puede joder, me dijo. Te ayudé a cargar al gordo y a tirarlo en la calle, pero yo no mato, ni madres. La hija o sobrina salió del baño. Se había quitado el suéter y lo llevaba en la mano. Podía verse, a través de una camisa blanca, dos grandes y redondos pechos que le saltaban rítmicamente al caminar. Desde el baño, hasta su mesa, me sostuvo la mirada. No estamos como para que estés ligando, me dijo el mesero. Ya suficiente tienes con Santa y con Lin, ¿no crees? ¿Se llama Lin?, pregunté. Así le gusta que le digan. No sabía. ¿Nos chingamos a la gorda o no? Puta madre, dije. No te asustes, la primera vez se siente uno mal, pero todo se pasa. Cuando alguien quiere joderte, chíngatelo. ¿Y qué hacemos con el cadáver? No me digas que lo volvemos a tirar por ahí. Claro, estuvo fácil, ¿no es cierto? Puta madre. Le damos cuello. Hazme caso, es lo mejor. Puta madre. Mira, cabrón, ya estamos metidos en esto. No me vengas ahora con niñerías. Voy al baño. Ya fuiste. Es que tengo que echarme agua. Al levantarme di un traspié y casi me caigo. La hija o sobrina, al verme, sonrió. Sus padres o tíos ni siquiera se dieron cuenta de mi estado.

Tambaleante, ayudado por el mesero, me reincorporé y me fui al baño. Metí toda la cabeza en el chorro del lavabo. El agua fría me quemaba. Me sequé con un trozo de papel de baño, era el único que sobraba. El baño me había caído bien. Para mí ya todo estaba resuelto: me despediría del mesero, le diría que yo no mataba, tomaría un taxi y me iría a mi casa. Estaba ya convencido. Cuando jalé la puerta para abrir, la hija o sobrina la empujaba para entrar. Otra vez. Perdón. No, ya estaba saliendo. Otra vez. Fijé los ojos en sus senos. Ella no se incomodó. Perdón. Cuando levanté la vista el mesero entraba también al baño. Salí de allí. Era la oportunidad que estaba esperando para huir. Tomé mi saco del respaldo de la silla y me dirigí hacia la puerta de salida. Si era necesario correr, pensé, lo haría. Pero los padres o tíos me detuvieron: ¿sabe qué hora es? No tengo reloj, expliqué. Se le ve muy mal, me dijo ella. Debería sentarse un rato, me dijo él. Estoy bien, gracias. ¿No vio a Flora? Ese era su nombre. Sí, respondí, creo que está en el tocador. Siempre se desaparece, dijo él. Acabamos de estar en un velorio, dijo ella. Murió su padrino y creemos que está muy afectada. ¿La vio usted mal? No, yo creo que... ¿Podría ir a llamarle? Es que voy ya de salida. ¿Qué le cuesta? Nosotros apenas tenemos ánimos para levantarnos. Usted es joven. Fui al baño por Flora. El mesero estaba sentado en la taza y ella se peinaba frente al espejo. Ya voy, me dijo él. Flora, le dije a la joven, tus padres preguntan por ti. No son mis padres, son mis tíos. Pues entonces tus tíos están preocupados por ti. Así son, creen que estoy triste por lo de mi padrino. Es natural, le dije. La acompañé hasta la mesa de sus tíos y me despedí de ellos. Tómese algo con nosotros, dijo la tía. Lo invitamos, dijo el tío. Voy con prisa, respondí, con temor de que el mesero saliera de un momento a otro. Tómese algo, me pidió Flora. Un tehuacán. Yo creo que le caería bien algo más fuerte. Un whisky. El mesero del Turín, tomó la orden. Cuando salió el mesero del baño me guiñó un ojo y se sentó aparte. Le hice una seña de que no tardaba. ¿Y usted qué hace? Soy diseñador. Qué interesante. ¿Qué viene siendo ser diseñador?, me preguntó la tía. Hago muebles. Yo dibujo cómo deben ser y los carpinteros, digamos, hacen lo que yo dibujo. Qué interesante. Flora estudia para modelo, presumió el tío. Dicen que tiene mucho futuro. Ya lo creo. Tengo un amigo, les mentí, que tiene una agencia. Si quieren... Ya ves, Flora, lo importante es hacer relaciones. Te lo hemos dicho muchas veces. Y el señor, tan amable... Denme su teléfono, propuse, yo les llamo. Se ve que usted es bueno, que conoce el negocio. No, no crea. Yo sólo tengo un amigo que... Anda, Flora, modélale al señor. Pero, tía, no estoy preparada, no traje la ropa que me regalaste. Modélale así, tal y como vienes vestida. Es más natural. Flora titubeó un momento y se puso de pie. Modeló, como si yo la estuviera fotografiando en esos momentos. El mesero del chino y el del Turín miraban absortos. En cambio, los maricas seguían con los ojos clavados, cada uno, en su bebida. Tiene los senos un poco grandes, me dijo la tía. No es problema, le respondí haciendo ante ellos un peritaje profesional. Pero gracia tiene, ¿no cree?, me dijo el tío. No hay duda. Mientras tanto, Flora levantaba la cabeza, mojaba los labios, hacía cosas imposibles con las piernas, empujaba el pecho, meneaba las nalgas. No es mala, pensé. Debería dedicarme a esto de descubrir artistas y no al diseño. Finalmente, dio una caravana y el espectáculo terminó. Los meseros aplaudieron. Yo también. ¿Cree que sí la haga?, me preguntó Flora sudorosa. Estoy seguro. Tienes un gran porvenir. Ya ves, ya ves, sonrió el tío. Este señor tiene experiencia. Se ve de lejos. Puede colocarte en *Vogue*, ¿verdad? Sí, sí, no me cabe la menor duda. Apúntenme el teléfono, yo les aseguró que pronto tendrán noticias mías. Anda, hija, apúntale al señor el teléfono, le pidió la tía a Flora. Estamos todas las mañanas allí. Aunque si nos dice que va a llamar por la tarde o por la noche lo esperamos. Usted diga. Les llamo el viernes a la cuatro, ¿les parece? Sí, sí. ¿No le vas a decir algo al señor?, dijo la tía al tío. Claro, le agradecemos mucho su interés. No, me refiero a lo otro. ¿A qué? Bueno, a que le damos una comisión. No, no, les dije. Yo no recibo comisiones. Ya ves, hija. Dale un beso al señor. Cuando Flora me besaba la mejilla, el mesero del chino se acercó a mí. Es hora de irnos. Tengo que irme, expliqué. Gracias, señor. Gracias. Nada más voy al baño, le dije al mesero, y nos vamos. Ya es tarde, me dijo, voy pagando. No tardo. Me senté en la taza a pensar, sentía algo en el pecho que me golpeaba: había que ir a matar a la güera. Busqué otra vez una ventana por donde escapar, pero... Salí de allí peor que como había entrado. Miré al mesero, me miró y salimos juntos del lugar. Por qué no acompañas al señor, dijo la tía a Flora. No se moleste, le dije. No se sientan deudores conmigo. Anda, hija, vete con él. No nos despiertes cuando llegues, pidió el tío. No, no, no, dijo el mesero. Flora me tomó del brazo. Vamos a un lugar no apto para señoritas. Ella es de amplio criterio, ¿verdad, Florcita? Ay, tía. Pero... no es necesario. Me apretó el brazo y me jaló. Salimos los tres a la calle. Es una joda andar contigo, me dijo el mesero al oído. A ver cómo te las arreglas para deshacerte de ella. Al llegar al coche abrí la portezuela de atrás e invité a Flora a pasar. Voy a transformarte en una estrella, le dije eufórico. Eso quieren mis tíos. Eso quieren tus tíos y eso quiero yo. Qué bueno que me invitaste a venir contigo. Yo no te invité. Sin oírme, siguió: todos los días ando con ellos para arriba y para abajo. No me sueltan. Si quieres te llevamos a casa de alguna amiga, intervino el mesero. No, voy con ustedes. Pasé mi mano por sus hombros y la besé en el cuello. El mesero no cesaba de mirar a través del retrovisor. Cómo vas, me dijo. Tú maneja y ya. Desabotoné el suéter y la blusa. Metí la mano en los pechos. Un brasier de tela gruesa y un armazón de alambre me impidieron moverme libremente. Perdón, me dijo, es complicado quitar los broches. Sí. Ella tuvo que hacerlo por mí: se quitó la blusa, la dobló cuidadosamente, solucionó el problema del broche y dejó al descubierto dos pechos duros, blancos, redondos. Ciertamente me sentí mejor cuando los tuve entre mis manos. Los besé: estaban calientes. El mesero frenó y miró hacia nosotros. Habíamos llegado al chino. Ya he venido a este lugar, dijo Flora mientras guardaba el brasier en el bolso. Le ayudé a ponerse la blusa. Se transparentaban sus pezones. Al bajar del auto, se echó encima de los hombros el suéter. En una mesa platicaban las tres mujeres. ¿Lo encontraron?, preguntó la güera. Sí, está en la cajuela. ¡Flora!, saludó Santa. ¿Qué haces aquí? ¿Y tus tíos? Gracias a estos señores me soltaron un rato. ¿Y tú? Ya ves. ¿Te habrán platicado lo del gordo? El gordo se llama Gulmaro, dijo la güera. ¿Cuál gordo? Olvídalo, dijo el mesero. Usted y nosotros tenemos algo que hacer, se

179

dirigió a la güera. Que se termine su brandy, pidió Santa. Yo quiero uno, se apuntó Flora. Acompáñame por las copas. Tomé asiento junto a Lin. Me echó una mirada intransitiva y dijo que ya estaba cansada. Hay que terminar con esto de una vez y luego cada quien a su casa. La güera terminó de un solo trago el brandy que le sobraba. Estoy lista. Vamos a un hospital a entregar el cuerpo, ¿o será mejor a la delegación? ¡Qué!, se enojó Lin. Te damos tu cadáver, lo metemos en tu coche y mucho gusto en haberte conocido. ¿Qué no me van a ayudar? Sí, sí, guiñó un ojo el mesero. Venga con nosotros. Me tomó del brazo con todas sus fuerzas y me levantó del asiento. Vamos. En el garage, el mesero le tapó la boca a la güera y le clavó algo en el estómago. Entre los forcejeos del asesino y su víctima y el corazón que se me salía del pecho me quedé inmóvil. La güera dejó de luchar y se desvaneció. Vamos, de prisa, me dijo. Allí adentro hay un pedazo de lona. Como si despertara repentinamente, corrí hacia el lugar que me señalaba. Tomé una lona polvorienta y regresé hacia el lugar del crimen. Envolvimos a la güera y, cuando nos disponíamos a llevarla al coche, salió Lin. ¿Por qué lo trajeron aquí? ¿Qué no se lo iban a entregar a la güera? Solté el cuerpo. Sí, calma. Tú déjanos. Un zapato de la muerta se había salido del bulto. Lin se acercó. Vámonos, dijo el mesero, tenemos que deshacernos de esto cuanto antes. Volví a cargar a la güera y nos dirigimos hacia el coche. Lin recogió el zapato y nos siguió sin decir palabra. Encajuelamos el cadáver y el mesero puso el auto en marcha. Fue necesario, dije, como tratando de disculparme ante Lin. Al darme cuenta de mi lapsus, añadí: la mató él, y señalé al mesero. ¿Qué hacemos con ella?, preguntó

Lin, más interesada en conocer nuestro plan que en saber quién había sido el asesino. No obtuvo respuesta. El parque de beisbol, sugerí, ya te dio una vez suerte. El mesero dijo que ese parque ya no existía, que ahora había en su lugar un condominio. Arrancó el coche y nos hicimos a la calle sin rumbo fijo. Una patrulla nos rebasó con las luces y la sirena encendidas. A mí se me trepó la sangre y me bombeó el corazón. Voltee a ver a Lin, que seguía despreocupada y mascaba un chicle. Estás nervioso, me dijo. Sí, estoy nervioso, ya quiero acabar con esto e irme a mi casa. Todos queremos acabar con esto, se metió el mesero, todos queremos irnos a dormir. Hay que tirar a la gorda cuanto antes. Calmado, calmado, dijo Lin, aquí hay gente. Mira a ese pinche pordiosero, y lo señaló con el dedo. ¿Adónde vamos? En cuanto encontremos un lugar oscurito, te bajas, sacas a la pinche gorda y la dejas allí. ¿Y por qué yo?, le pregunté, éste no es mi pedo. Si quieres lo hago yo, me dijo Lin. El mesero frenó el coche y dijo ahora. Lin abrió la puerta y salió. Le pedí la llave de la cajuela al mesero y alcancé a Lin. Entre los dos la bajamos y la dejamos allí mismo, a la mitad de la calle. Nos subimos al auto a toda velocidad y a toda velocidad arrancó el mesero. Pásate conmigo, me dijo Lin una vez que dimos vuelta en una esquina. Me pasé a la parte de atrás y ella me empezó a besar. Se separó un momento de mí, se quitó el chicle de la boca y siguió besándome. Yo dejé que mis manos subieran por sus piernas y lucharan con el calzón apretado que tenía. Me di cuenta de que no lograba tener una erección. Si quieren irse a un hotel, nos dijo el mesero, primero acompáñenme a cerrar el local y cada quien a sus asuntos. Tuve ganas de responderle algo, pero ni Lin ni yo lo hicimos, seguíamos metidos en los besos y en mi lucha con su calzón. Llegamos al restaurante. Lin y yo sudábamos a mares. Flora y Santa conversaban con el gato sobre la mesa. ¿Qué pasó?, nos preguntó Flora, ¿ya le entregaron a su gordo? ¿Por qué le contaste lo del gordo?, le reclamé a Santa, ella no tenía por qué enterarse. Lin me abrazaba. Me dejó un momento para servir un vaso de whisky y ofrecérmelo. ¡Cada quien para su casa!, gritó el mesero, esta fiesta ya se acabó. Nos terminamos la botella y nos vamos, dijo Santa. O si prefieres irte, añadió, yo cierro, tú vete tranquilo. El mesero clavó los ojos en los pezones de Flora y se sentó a su lado. Nos la terminamos y nos vamos. Yo voy al baño. De dos tragos me terminé el vaso de whisky. Yo también. Lin me besó… hacia Flora… el mesero la… el tirantito se rompió… Santa me besaba… las medias de la güera… sobre el excusado Flora… sus pezones rosados… el mesero no dejaba de gritarme que lo dejara solo… Lin sacó otro chicle de su bolso y… los pezones rosados entre los dedos… Santa o Auxiliadora o Santa… ya no supe quien me clavó el mordizco…

Un ejemplo de belleza

Para Salvador Elizondo

Intentaba entonces crear algo Bello. Quería que ese algo Bello fuera Bello por sí mismo sin importar la ideología de quien lo mirara. Sin importar siquiera su opinión o sus filiaciones estéticas, ya fuera que provinieran éstas de un occidental o de un oriental, de un campesino viejo o de un escolar urbano. Deseché por principio el Arte Abstracto, al que me había volcado con relativo éxito durante las dos últimas décadas de mi Existencia. Intenté luego un desnudo, pero no encontré un cuerpo suficientemente Bello que le insuflara Vida a mi proyecto. Incursioné en ese Cubismo que siempre había aborrecido en busca de que lo Perfectamente Estético pudiera derivar de un error de Apreciación mío. Sin embargo, el producto fue poco menos que infame y poco más que desagradable. Tenía un ligero sabor al Braque de sus años de Descuido. Entonces me llamaron a dirigir la Escuela Nacional de Artes Plásticas y acepté porque la verdad siempre había querido ser el Director para imponer mis Criterios. Le pedí a los maestros que fomentaran, entre el alumnado, la creación de Obras Bellas. Empero, recibí a cambio muchas críticas y mucha grilla. Al cabo de tres meses la situación se tornó

183

insoportable, renuncié y volví a mi Estudio. Una señorita alumna se ofreció a posarme y yo la Pinté cuatro veces antes de meterme de plano a besarla en la boca y en el cuello cuantas veces puedan imaginarse. La clase que di al día siguiente en la Escuela (renuncié a la Dirección, que no a la Cátedra) versó sobre la importancia de tener un contacto físico, por no decir carnal, con la modelo que se pinta a fin de lograr que la Belleza emane. Mis demás alumnos, que eran unos estúpidos, no me entendieron y fueron con el nuevo director a echarle el chisme de mi conducta políticamente incorrecta. El trató de reprenderme y yo de criticarlo y hacerle grilla, pero al fin me corrió de la Escuela y volví nuevamente a mi Estudio, a mi Idea de la Belleza y al Vodka on de rocks. Aunque la señorita estudiante seguía visitándome y me dejaba besarla ora con Sencillez, ora con Pasión, dejé de Pintarla porque le estaba haciendo un Estudio a una Papaya verdaderamente Bella que compré en el mercado. Si bien la onda Bodegón no estaba de acuerdo con mi Idea del Arte, acoto que la Intuición que me empujó hacia ese fruto sólo podría ser calificada de Artística, o sea: auténticamente Irreflexiva. Al cabo de siete semanas terminé la Tela. Era (y lo es hoy) una Papaya Podrida que irradiaba (que irradia) sin duda esa Belleza Pura que estaba buscando. La señorita alumna pensaba (piensa) lo mismo. Llegué (llegamos) a Nueva York con mi Estudio de una Gran Papaya y me dediqué a mostrarlo en los Museos, pero sólo tuve contacto con empleados menores carentes de los clásicos atributos que se requieren para Apreciar el Arte. Luego incursioné en el mundo de las Galerías. En la nona que visité, un hombre rubio lleno de lunarcititos en la cara me dijo que le parecía interesante mi Obra y entramos en tratos. Me ofreció Exhibirla para ver qué pasaba. Y para «analizar la química», me explicó, «que se da entre los Ojos Expertos y mi interesante Propuesta Plástica». Mi querida señorita alumna seguía conmigo y me Admiraba y me seguía prestando su boca y su cuello para mantener viva la Inspiración. A los once días, un hombre vestido con traje verde compró mi Cuadro y dijo que quería Conocerme. Cenamos con él −el hombre de los lunarcititos, la señorita alumna, un señor Crítico entrado en años y yo− en un restaurante italiano llamado The Grand Ticino. Más tarde se unió a nosotros Yoko Ono. Hablamos de Poesía −algo de William Carlos Williams y algo de Robert Penn Warren−, del Arte en general −un poco de Rothko y otro poco de Stella− y de la Belleza de mi Pintura, ya en lo particular. Al fin quedamos en algo: en que yo iba a Pintar algún otro Fruto Descompuesto y que él me compraría el Resultado −sin verlo, con absoluta confianza en mi Talento− en dos mil doscientos cincuenta dólares. Mi entrañable señorita alumna se puso a hacer historia y me consiguió un magnífico ejemplar (un simple jitomate). Lo dejé cerca del calentador durante algunos días para que se pudriera y lo Pinté una tarde en la que nevaba copiosamente. El hombre de los lunarcititos dudó un poco al ver mi Obra y le llamó al hombre del traje verde, que llegó al Estudio (con un tenista llamado Nastase y con un músico de nombre Ringo), aunque vestido de gris. Me aseguró que era un Jitomate perfecto y que ya había dado un Paso Interesante hacia el Éxito definitivo. Sus invitados estuvieron de acuerdo. Me extendió un cheque por cuatro mil quinientos dólares, pues había olvidado la suma en la que convinimos y yo me aproveché. Esa noche fui con mi señorita alumna a la farmacia. Se hizo la prueba del embarazo y resultó positiva. Nos alegramos los dos y nos fuimos a comer todos sus antojos (unas hamburguesas de atún, unos sobrecitos con papas y unos pays de manzana; total: $18.75). Al día siguiente llamó una señora de nombre Gertrudis que dijo que quería hacerme una Entrevista para la TV. Nos citamos en la boca del metro para buscar un lugar donde convenir la calidad de las preguntas que le autorizaría a hacerme. Pero en vez de dialogar me dijo sin tapujos, a la altura de Mercer y Prince, que quería llevar mi Caso. Yo no sabía entonces cuál era mi Caso. Entonces me explicó que sin un buen abogado me quitarían mucho de lo que justamente me correspondía. Acepté su trato y, como tenía un buen físico, la besé en el cuello, hasta que ella se sintió incómoda porque la gente nos miraba. De regreso al Estudio, le conté absolutamente todo a la madre de mi futuro hijo y ella me contestó que si yo era un Gran Artista podía hacer lo que me diera mi Regalada Gana. Me pareció fantástico y me puse a Pintar un manojo de espinacas, que era lo único que había en el refrigerador. El Cuadro quedó tan mal concebido que no me atreví a mostrarlo al Otro. (Pensé incluso que me había llegado esa Desgana que estaba padeciendo el también Talentoso Lichtenstein.) Hasta que la señorita alumna lo descubrió detrás de la estufa y me dijo, no sin razón, con esa sencillez tan propia de ella, que era Maravilloso. Sus palabras me dieron Aliento. Ya en confianza Conmigo Mismo le llevé mi Obra al hombre de los lunarcititos, él se lo llevó al hombre del traje verde o gris que tanto me Respetaba, y al fin me lo compró una señora que se llamaba Marguerite y que era una Coleccionista respetada y de baja estatura. La madre de mi futuro hijo, la señorita alumna que durante tanto tiempo me había permitido besuquearla y engendrar con ella, y que se llamaba Elena, me acompañó al teatro y luego cenamos en un lugar donde suelen cenar los Artistas. Ella pidió chuletas de carnero con jalea de menta y yo lo mismo. Acompañamos el alimento con un buen vino que a mí me supo un poco a calamar o a pulpo. Pavarotti nos miró y brindamos con él a distancia. Truman Capote intentaba Reconocerme desde una mesa lejana. Nunca supe si lo logró. Y más tarde, un gordo canoso, calvo de sí, cercano a los cincuenta y siete años, y de nombre Bob me preguntó si yo era el de la Papaya. La fantástica Elena le dijo al instante que sí. El caballero se sentó en nuestra mesa y me Alabó durante poco más de un cuarto de hora. Me dijo que el mío era el único Vanguardismo sin influencias reconocible en la Historia Universal del Arte. Y tenía razón. Hablamos luego de la Belleza moderna, de las pobres novelas del pobre Philip, de la Concreción Artística de nuestros días, del Genial Hooper y del No Menos Genial Rauschenberg. Pagó la cuenta ($98.15) y me dijo que quería hacer negocios Conmigo. A Mí me pareció estupendo y lo invité a caminar al día siguiente por las hermosas calles del Village. Nos citamos en una tienda de discos usados que ambos conocíamos y respetábamos. Con sendos panecillos en las manos ($2.00), nos pusimos a hacer Camino e Historia. (Cuando Uno sabe que está haciendo Historia, trata de ser Lúcido.) Me explicó, al desnudo, que el hombre de verde o de gris no era de mucho confiar. Que ya había estafado a muchos (como al Ineludible Pollock). Ante sus palabras y sinceras revelaciones decidí ponerme en su expertas manos. Al momento de despedirnos se acercó a nosotros Leonard Bernstein: el gordo Bob le dijo que yo era el de la Papaya y el Genial Compositor me plantó un sincero beso en la Mano. Desconcierto. Quise corresponder a su humilde gesto, ya que yo también lo admiraba, pero no se dejó. Incertidumbre. A las nueve horas Elena tuvo a nuestro Hijo, que nos salió Bien y le pusimos de nombre Jasper, porque así se llamaba su abuelastro (un político) y el mío (un gnóstico). Fue entonces tal la Emoción Desmedida y el Ímpetu y las Ganas que me entraron de Hacer Cosas, que Pinté una Mandarina verdaderamente Grandiosa en el cuarto del hospital. La gentil abogada de cuerpo atractivo, Gertrudis –que nos llevó de regalo un mameluco verde– me sugirió que dejara mi Mandarina en sus profesionales manos para que ella le diera su Justa Proporción en el Medio. Bob –que llegó con un mameluco amarillo– me pidió con todo respeto que le dijera la cantidad que debía poner en el cheque para hacerse de mi Última Obra (le pedí diez mil dólares Simbólicos). El hombre güero de los lunarcititos –que se presentó con una docena de camisetitas blancas– me prometió una Retrospectiva de mi Trabajo en el Museo. Y Marguerite, que según me enteré era la amante francesa del hombre de los trajes verdes o grises, llegó a nuestro hogar con una olla llena de romeritos*. Hacía tanto que Elena y yo no comíamos romeritos, que terminé por aceptar su oferta: vender el relato de mi vida a un productor de cine Afamado. Me llevó mucho tiempo Recordar mi

*Platillo típico mexicano de consumo masivo en tiempos de Cuaresma.

Historia, contársela a un tal señor Crock, y estar presente en todas las filmaciones de Francis. Cuando vi que una Hermosa Señorita de apellido Foster representaba (en la Película) a la Elena que yo conocía y con la que había tenido un Formidable Hijo, me sentí extraño para Conmigo Mismo (interpretado por un actor muy conocido, pero cuyo nombre he olvidado). Como la señorita Foster notó que yo me sacaba de Onda, en una tarde en la que se filmaba uno de mis besuqueos con Elena, me suplicó que la acompañara a su camerino. Fui con ella y me Amó (ante mi Sorpresa). Me encantó juguetear con su sedosa cabellera y aspirar su aliento. Ya de regreso, con el extrañado Jasper a Mi lado, a quien había comprado un tren eléctrico en una tienda especializada, me puse a Hacer lo Mío: Esbocé un bodegón con cuanta fruta y verdura pude encontrar en el refri. Elena me preguntó si me había cogido a la Foster –siempre he pensado que las mujeres intuyen cuando Uno se ha cogido a una actriz–, le contesté con objetividad y ella me abrazó e intentó besarme el Cuello. Juro que si yo hubiera tenido Ganas de seguirle el jueguito lo hubiera hecho, pero no fue así y se quedó un tanto decepcionada por mi Actitud. Nos miramos a los ojos, muy fijamente, durante un buen rato, hasta que desvié la vista y le pregunté si había una película interesante en la televisión. Y como si no me hubiera escuchado me pidió el divorcio. Para Mí fue muy duro, pues viví por ello momentos realmente Espeluznantes. Y todo se debía a que Jasper me amaba y yo lo amaba a él. Después de muchas discusiones, terminé por aceptar la propuesta de Elena de destruir nuestra relación justo el día en que se estrenaba la Película. Como despedida civilizada de nuestro pacto, fuimos juntos a la Premier, y fue tanto el Éxito que tuvo entre los Conocedores que mi querida Elena me besó totalmente –en el baño del cine– y nos reconciliamos y Pinté esa noche un Melón. En la contestadora automática había recados de Malulis, Sylvester, Beuys, Nancy y Tom Wolfe –que andaba queriendo Entrevistarme. Marguerite fue a verme al día siguiente y se encontró, frente a frente, con mi Gran Melón y me dijo que ya todo era imposible Conmigo, que había creado la Verdadera Obra Perfecta. Y que mi Melón –me lo dijo con sinceridad– era un Estupendo Melón Absolutamente Bello. De inmediato me propuso Exhibirlo en el Museo para que la Humanidad pudiera apreciarlo antes de que ella se lo llevara a alguna de sus mansiones (probablemente la de Idaho), a cambio de los setenta y ocho mil doscientos cincuenta dólares que me ofreció. El día de la Exhibición en el Museo fue Grandioso: De Kooning me abrazó con fuerza, Estes me invitó a su casa y Christo andaba con la idea de envolver mi Creación. Woody Allen, con ese estilo tan suyo, me habló acerca de los melones que había intentado filmar a lo largo de su Gran Vida, mientras Warhol me insinuaba que debía tomar Distancias con las Obras para poder Apreciarlas. Dustin Hoffman ni siquiera se dignó a saludarme. Según uno de mis asesores, andaba distraído. Por su parte los Críticos admiraron el Melón, el Gran Público se maravilló con él, un Secretario de Estado me aseguró que ya habíamos sido presentados en casa de Peggy y, a la mañana siguiente, las esposas o las amantes de los Empresarios Prominentes me llamaron a cualquier hora (sin importarles que yo también Dormía). Por su parte, la tinta corrió en los diarios y en las revistas especializadas y se hizo, lo que se dice, un cachito de Historia del Arte. Vaya, hasta Jasper lo supo después porque un maestro suyo se lo explicó en la clase de matemáticas: su padre –Yo– había logrado crear con sus propias Manos eso que hoy se ha dado en llamar, vulgarmente, el Arte Inobjetable. Me lo dijo también Elena –un día en el que estaba agotado de recibir tantas llamadas–: «Tu Fama ya empieza a fastidiarme». Me lanzó a la cara un pastel de zanahorias que ella había cocinado con sus hermosas manos morenas. Me limpié con una toalla verde y comprendí que había llegado la hora de empezar una nueva Vida más allá del Arte. Como el Gran Vincent. A un hombre uniformado le compré el Arma ($850.00).

La llave

Óliver buscó, primero con descuido y luego con ahínco, la llave en los bolsillos, en el portafolios, en el suelo: la había perdido.

Pensó: «Habrá que romper un cristal.» Pero no, imposible: su casa no era de ésas con ventana a la calle.

¿Saltar desde la azotea de la casa vecina? La casa vecina no era de ésas con azotea comunicada.

Un cerrajero: a esas horas no encontraría a ninguno. A esas horas los cerrajeros suelen descansar o discutir con sus esposas.

Un hotel era la solución. Al día siguiente ya vería qué hacer para entrar a su casa.

Sin quererlo, pensó: «¿Qué estará haciendo en estos momentos Sandrita?»

Sandra Rubio de Montellano era la secretaria del gerente de una fábrica de plastilina. Era católica y de modales menos finos que Rosa Torres de Mondragón, ensambladora en una moderna fábrica de bicicletas.

Al llegar a la avenida se llevó una mano al bolsillo del saco.

No había nada allí: ni cartera, ni libreta de teléfonos, ni el recibo de la luz que había pagado esa mañana.

Lo habían bolseado en el camión, quizás. Se le habían caído sus cosas en la oficina, también quizás. En fin: desaparecieron.

No tenía dinero para hotel o para taxi o para cenar siquiera.

¿Pedir acaso posada? Rio: era un desconocido para los vecinos. Volvió a reír.

Y ya era tarde. Y sentía frío. Y tenía hambre.

Pensó: «¿Cómo será la recámara de Sandrita?» Imaginó sus pantuflas, una bata rayada, la tele, el buró, una alfombrita a los pies de la cama.

Casi todos los días, antes de dormir, le gustaba recordar sus piernas y su faldita morada y su blusa a cuadros y su prendedor de corazón.

Con Rosa Torres de Mondragón sí tenía relaciones.

«¿Y ahora, qué hacer?», se preguntó.

Si lo vieran así, presa de incertidumbre, la policía podría sospechar de él. «¿Qué anda merodeando?», le preguntarían.

«¿Tiene algún problema?»

Se dijo a sí mismo: «Es una pena que todo sea como se cree que es.» Y luego: «Los policías son todos una bola de imbéciles. Ellos son los que merodean y luego dicen que es uno.»

Caminaba despacio, despacio... Reflexionaba, fantaseaba.

«¿Tendrá Sandrita relaciones con su jefe?», se preguntó. «Se ve tan virginal, tan pura.»

Sandra Rubio de Montellano no tenía relaciones con su jefe, sino con Ernesto, El Tilín, vecino del departamento contiguo al suyo, aprendiz de novillero.

Al ver un teléfono se le ocurrió a Óliver hacer una

llamada. Marcó el número de Tobías, su hermano. Nadie contestó.

Marcó el de Samuel, colega del trabajo. No estaba, al parecer.

Llamó a Sandrita.

«¡Qué milagro, Óliver! ¿A qué se debe tu llamada?» Le explicó lo que había sucedido, todo.

Hay espacio suficiente… Aquí te espero…

«¿Por qué no tomas un taxi y…?», pero Óliver ya había colgado.

Había que caminar como media hora para llegar al edificio donde vivía Sandrita.

La imaginó quitándose las pantuflas y la bata rayada, y poniéndose su blusa a cuadros, su faldita morada, sus zapatillas rojas.

Un semáforo se había descompuesto.

Óliver se dijo: «Mejor no pensar en Sandrita, ni hacerme falsas ilusiones», y se puso a armar mentalmente palabras de cinco letras que empezaran con la «t» y terminaran con la «a», luego con la «e», luego con la «i»…

Sandra se quitó las pantuflas y el camisón, se puso un brasier de encaje color lila, un pantalón vaquero y una blusa anaranjada. Se calzó las zapatillas rojas.

Encendió la cafetera eléctrica.

El Tilín llegaba en esos momentos a su propia casa.

Hacía una hora había tenido relaciones con Otilia Bermúdez, dueña de una tienda de abarrotes.

Óliver no pudo concentrarse en su juego de palabras. No había logrado evitar que las imágenes se le agolparan en la cabeza: Sandra dándose un baño de tina, enjabonándose las piernas, cubriendo con espuma sus blancos pechos.

Llegó frente al edificio.

«Soy yo, Óliver», dijo por el interfón, y se oyó el timbre de la puerta.

«Debes estar agotado», le dijo Sandrita con su pantalón vaquero. «El café está listo».

Iba a decirle que a esas horas él no tomaba café, pero prefirió no rechazar las amabilidades de Sandrita, aunque ello le costara no conciliar el sueño.

«¿Quieres oír música?» «Sí.»

«¿Una rebanadita de pastel?» «Sí, una rebanadita.»

«¿O prefieres un sándwich?» «Bueno, un sándwich.»

Fueron juntos a la cocina a hacer el sándwich. Él untó la mayonesa y la mostaza y ella le puso las rebanadas de jamón, de queso y de jitomate, y dos rajitas de chile. Lo depositó luego en un plato con un dibujo campestre.

Sonó el teléfono.

«Estoy con un amigo», dijo Sandra.

«Debe ser el jefe», pensó Óliver.

«¿Amigo o amante?», interrogó El Tilín con ironía desde el otro lado del teléfono.

«Es un amigo, palabra… De la época de Gualberto y de Paco… Ya te he platicado de ellos… »

«Allá voy.»

«Haz lo que quieras.»

«Era Ernesto, mi novio», explicó una vez que cortó la comunicación. «Es tan celoso… Cree que hay algo entre tú y yo…»

Óliver imaginó que hacía el amor con Sandra en la regadera.

Sonó el timbre.

«Él es Ernesto. Él es Óliver.» «Mucho gusto.» «Mucho gusto.»

Óliver imaginó que Ernesto hacía el amor con Sandrita en la regadera.

El Tilín imaginó que Óliver había hecho el amor con su novia sobre el comedor de su casa:

Sandra no imaginó nada,

La pareja se metió a discutir en la cocina. Óliver sólo pescó algunas palabras y frases sueltas: «De plano no/la llave/importa/así vestida/tuya/me vale/novillero/ ¿yo acostarme con otra?/ sinsabores/cama/sí/plástico/ o/maletita.»

Finalmente salió ella de la cocina y fue a sentarse con su amigo. El Tilín salió del departamento sin despedirse.

«¿Ya se fue?» «No, ahora regresa», respondió Sandra. «Ya no lo aguanto, Óliver. Se la pasa celándome. Cree que si te quedas hoy a dormir aquí vamos a hacer el amor sobre el comedor o en la sala.»

«¡Ay!», se le salió un quejido a Óliver. «Si te estoy causando problemas, mejor me voy…»

«No. Lo que va hacer Ernesto es venirse a dormir aquí y darte la llave de su departamento para que tú duermas en él… Espero que no te importe.»

«No, qué va…»

Al rato llegó El Tilín con una maletita. «Su ropa», pensó Óliver.

Guardaron silencio.

Al cabo de tres minutos, Óliver recibió la llave, agradeció las atenciones y dio las buenas noches.

El departamento del Tilín estaba en desorden. Una botella de ron vacía, un plato con pedacitos de papaya, unas pantuflas, frascos y cajas de medicinas, revistas, un cenicero lleno de colillas. Olía a zapato.

Se quitó la ropa, arregló un poco la cama, encendió la televisión y rescató del cenicero una colilla que permitía aún unas cuantas fumadas.

Iba a dormirse cuando escuchó gritos en el departamento de su amiga: «Te importa/mando/no/lo que quieras/ mi problema/plástico/novillerito/don Juan/loco/ desquiciada/mejor le paras/ mejor.»

Se escuchó un portazo y luego el timbre: era Ernesto, quien pedía que le abrieran la puerta de su propia casa.

«Te me vistes ya y te largas de aquí, ¿entendido?»

Óliver se puso apresuradamente sus pantalones y sus zapatos. Salió con la camisa y el saco en las manos. Olvidó el portafolios.

«Hasta luego», alcanzó a decirle.

Sandra lo esperaba.

Él estaba apenado por todo lo que había suscitado su llegada. Ella le dijo: «No te preocupes», y le ofreció sus labios.

Sus tiernos labios.

Óliver se dijo: «Querrá vengarse del Tilín conmigo.»

Pero la besó.

Sandrita sobre el comedor sin sus pantalones vaqueros, sin su blusa anaranjada, sin sus zapatillas rojas. Óliver sólo tuvo que quitarle el brasier de encaje y unos calzones azules con caracolitos.

Luego de hacer el acto, los dos se fueron a la cama y se quedaron profundamente dormidos.

Por la mañana, Sandra encontró bajo la puerta un sobre verde. Era un recado de Ernesto.

«Creo que me apresuré al juzgarte. Quizás ese tal Óliver sí sea tu amigo y nada más. Si algo pasó hoy entre ustedes voy a echarme a mí mismo la culpa durante toda la vida. De todos modos los mataría. Te quiere: tu Tilín.»

Óliver había soñado que Rosa Torres de Mondragón era una famosa clavadista y que su entrenador era Ernesto. Ambos se gustaban.

Sandrita hacía huevos con tocino para el desayuno. Óliver encendió la radio. Leyó el recadito.

«¿Crees que sea capaz de matarnos?» «Sí lo creo, pero no lo hará porque no puede probarnos nada.»

Desayunaron y se metieron a la regadera. Tuvieron relaciones allí.

Después de buscarla un rato, El Tilín encontró la llave del departamento de su novia. Tenía sospechas.

Entró con una pistola en la mano. Al abrir la puerta del baño se encontró con la irrefutable realidad: Sandra y Óliver se besaban. Había penetración.

Aunque ellos cerraron la cortina de la regadera, las balas traspasaron el plástico sin ninguna dificultad.

Cayeron, uno después de la otra, con sendos agujeros.

El Tilín apagó la radio y pasó a retirarse.

¡Oh, Roger, deja de llorar!

Nuria y su amigo Roger atraparon por fin una lagartija a la que habían correteado por todo el jardín. La depositaron con cuidado en la bolsa de las lagartijas y volvieron a contar sus presas. Ocho reptilitos nerviosos en una bolsa de papel.

Ese día les había dado por ser cazadores. Tenían lombrices en un frasco de mayonesa, una parejita de ratones en una caja de zapatos y una buena colección de retazos de otros animales. Pensaban exhibirlos algún día, junto con el frasco que contenía la solitaria, debidamente conservada en formol, que había expulsado Roger a la edad de seis años. Sin excepción a todos cobrarían la entrada.

–¡Nuria! –gritó su padre, que miraba con ternura cómo se divertían los niños en el jardín.

–¡Lárgate! –contestó Nuria sin mirarlo.

–¿Qué dijiste?

–¡Que te largaras!

–Sí, señor –intervino Roger, comprensivo–, será mejor que se largue. Usted ya sabe cómo se pone cuando no le hacen caso.

El padre se metió a seguir con sus investigaciones. Era doctor en filología clásica, y la educación –incluida la de su hija– no le interesaba ni como tema de estudio en el mundo helénico. La madre de Nuria, de ascendencia catalana, había desaparecido hacía algunos meses en una estación concurrida de trenes. Por eso Nuria se había dejado engordar, ya no iba a la escuela y era amiga íntima de Roger, muchacho delgado de extracción proletaria.

2

El día en que Nuria empezó a usar brasier su padre la interrogó durante la cena:

–¿Qué hace tu amiguito en mi cuarto?

–Yo se lo presté, no te fijes.

–Pero, ¿qué diablos hace?

–No sé, papá. Él me pidió que se lo prestara, ¿no es suficiente?

–No, no es suficiente. Y además, ¿qué te pusiste debajo de la blusa? –pregunta a la que la gordita Nuria, ruborizada, decidió no contestar.

En el cuarto de arriba, Roger revolvía los cajones de la ropa en busca de dinero. Había encontrado una colección de monedas de otros países y una tarjeta de crédito. Sólo hasta que descubrió la caja fuerte dio un salto de alegría. Bajó las escaleras rápidamente, deslizándose por el barandal, salió por la puerta sin decir nada a sus anfitriones y se perdió a lo largo de la calle.

–Por última vez, ¿qué estaba haciendo tu amiguito en mi cuarto?

–Ya te dije que no lo sé. ¿Por qué no lo averiguas por ti mismo? Dices que eres investigador...

–Condenado muchacho. ¿Sabías que su padre estuvo en prisión?

–No. Cuéntame, anda –respondió burlonamente Nuria.

–Pues aunque lo tomes a chiste, ese chamaco no es una buena influencia para ti... Y ya deja de comer sopa, te vas a poner más gorda de lo que estás... Toda comida debe ser frugal –sentenció el jefe de la familia.

–No te preocupes: desde hoy puro huevo en la noche.

–¡Ya basta de burlas! Tengo que volver al estudio. Hoy no quiero gritos, ¿comprendes?

–Como tú ordenes, papito.

Roger entró corriendo por la puerta y subió las escaleras sin voltear siquiera a ver hacia el comedor. Nuria aprovechó la distracción de su padre para acomodarse el brasier.

Oyeron la detonación.

3

Roger iba a la Universidad. Por las mañanas a la Facultad de Medicina y por las tardes a la de Filosofía y Letras. Disimulado por un pequeño puesto de libros de ocasión, vendía clandestinamente pornografía, licores y bombas de diversos tipos fabricadas por él mismo.

Nuria siempre lo acompañaba. Aunque solamente había logrado estudiar cinco años de primaria, entraba como oyente a clases de Anatomía, Traumatología, Medicina interna, Historia contemporánea de los Emiratos Árabes y Literatura universal II. Aprovechaba su innata simpatía para hacer promoción al negocio de Roger entre sus compañeros.

–Cuenca quiere una bomba de escritorio.

–¿A quién piensa ponérsela?

–Al de Filología.

–¿A tu papá?

–Sí, ni modo. Los negocios son los negocios. Nunca deben mezclarse con la sensiblería, el sentimentalismo, la psique y el pathos, ¿me explico?

–Me encanta tu nobleza y me admira tu sabiduría. Dile a Cuenca que se la dejo en quinientos cincuenta pesos.

–Además, se la merece. Necesita una lección.

4

El padre de Nuria se reponía lentamente de las quemaduras. Cuando salió del hospital, Roger lo fue a recoger en su coche nuevo; aprovechó para darle un paseo por las principales avenidas de la ciudad, adornadas entonces con motivos navideños.

–¡Feliz año nuevo! –los recibió Nuria, vestida de enfermera.

Había alquilado una cama de hospital, silla de ruedas, muletas e instrumentos de cirugía, y comprado sueros, vendas y medicinas de varias marcas.

–Estoy muy orgulloso de ti, eres toda una doctora –dijo Roger, al tiempo que Nuria trataba de introducir un catéter en la vena adolorida de su padre.

–Pásame la jeringa chiquita, lo voy a inyectar.

5

A la boda civil asistieron dos docenas de estudiantes universitarios, el papá de Nuria, los cuatro abuelos de Roger, un vendedor de cerveza y algunos periodistas.

Angélica, una muchacha obesa que no lograba aprobar, con el correr de los años, el examen final de Urología, le regaló a Nuria un recibo de honorarios.

–Dirás que soy medio lenta, pero la mera verdad es que no entiendo tu obsequio –dijo Nuria a Angélica mientras ambas bailaban danzón.

–Ya lo entenderás –pronosticó–. Algún día vas a necesitar de los servicios de un psicoanalista: entonces sólo debes llamar por teléfono para hacer cita, presentas al final el recibo prepagado que te di y no pagas ni un centavo por tu primera consulta.

–¿Y si necesito un urólogo? –respondió la novia con saña.

–¡Vete al carajo! –respondió Angélica con lágrimas en los ojos, ya que recordó que al día siguiente tenía que presentar examen y no había estudiado aún la vejiga.

6

–Etérea, volátil, eres una escurridiza. Te me resbalas, querida. ¿Los sabías? ¡Jabón! ¡Eso es lo que eres: un vulgar jabón! –y Roger hizo los ademanes de quien se lava las manos ante una gran concurrencia.

Nuria le respondió, como casi siempre que lo agredía, con una irrefutable indiferencia: se puso a planchar toallas. Estaba segura de que no podía pasar mucho tiempo sin que su marido le pidiera un favor. Por ejemplo: una torta de aguacate.

Y en efecto, cuando Nuria arrugaba por tercera vez su toalla facial preferida para volverla a planchar, Roger se rindió:

—¡Empáñame un lente, Nuri, empáñamelo! Anda, cariño, por favorcito, aunque sea uno solo, qué te cuesta, empáñame un lente.

Luego de que Nuria, celebrando su victoria y haciendo acopio de ternura, expulsara el vaho codiciado por su esposo y de que éste se regocijara con el delicioso regalo que le permitía ver todo nublado, como en sueños, se tomaron de la mano y se metieron a la regadera.

—¿Sabías que no es recomendable tomar crema de menta mientras te das un baño?

—A ti qué te importa: sigues siendo asquerosamente gorda y resbalosa.

7

Después de un intranquilo desayuno, Roger y Nuria buscaron el recibo de honorarios que les había regalado Angélica e hicieron cita con el psicoanalista reputado.

Se decepcionaron de momento al ver que el profesionista era un hombre muy pequeñito. Sin embargo, resultó tan poco acomplejado que al rato olvidaron su defecto y pasaron con él una agradable hora hablando de sus problemas e interpretando sus sueños.

Roger sintió confianza muy pronto: platicó que hacía poco había ido a un prostíbulo y que le había tocado la buena suerte de pasar la noche con la más codiciada. Le decían la Ratona. Nuria dijo que quería conocerla.

Por su parte, ella trató de explicar su carácter escurridizo:

–El día que mamá desapareció en la estación de trenes empecé a lavar yo los platos de la casa. Pasaba largas horas sintiendo cómo los cubiertos y los vasos se me resbalaban al entrar en contacto con las manos enjabonadas. Cuando terminaba con todos los trastos, los volvía a ensuciar para lavarlos de nuevo. Y así, hasta que me daban las doce de la noche. Un trauma, ¿verdad?

–Sí. Y dígame, ¿soñaba en esa época con espuma abundante que le chorreaba de los dedos? –atinó a interpretar el psicoanalista.

–¿Cómo lo sabe?

–Para llegar a eso estudié Medicina, Psiquiatría, Psicoanálisis, Psicoterapia I y II y Traumatología cerebral. Doce largos años dedicados a aprobar materias, abrir cuerpos, hurgar en las almas y leer a Erich Fromm, que no es muy sencillo. ¿Convencidos?

–Súper –respondieron los nuevos pacientes.

8

Al año Nuria quiso salir del país. «A Europa», respondió, tras el insistente interrogatorio que Roger le hiciera mientras se duchaban juntos. Durante la noche la hostigó con preguntas capciosas. Especialmente sobre si estaba o no satisfecha con sus relaciones parasexuales. Nuria le respondió con un dejo de lascivia:

–No, no es eso, querido. Quiero viajar porque sí, por conocer mundo, por abrir brecha, por cavar hondo. Tú lo sabes, tú que fuiste a Dallas cuando eras chico, ¿verdad?

–¿De dónde sacaste eso?

–Lo leí en tu diario.

–Eres realmente muy escurridiza. Ya no te aguanto. Me tienes hasta la madre, ¡bah!

–¡Oh, Roger, deja de llorar!

Discutieron hasta la madrugada. Roger abofeteó a Nuria. Nuria lo amenazó con planchar cortinas, con llamarle al psicoanalista, con ponerle una bomba a su fábrica de bombas, con hacer esfuerzos por escurrirse más resbalosamente todos los días. Finalmente llegaron al fondo del asunto y a una conveniente solución para ambos: irían a Europa a cambio de dos meses de tortas de aguacte y de que Nuria le empañara los lentes cuando él se lo pidiera. Era lo justo.

Se sirvieron dos copas de crema de menta y se metieron a la regadera.

9

Al día siguiente empezaron a ahorrar y fueron a conseguir folletos en las agencias de viajes. Le llamaron por teléfono al psicoanalista. Cada quien tomó una extensión.

–Porque nos vamos a ir a Europa y tenemos que ahorrar –explicó Nuria con sangre fría.

–Eso me desconcierta. El tratamiento quedaría incompleto y por lo tanto ustedes podrían sufrir en el viaje –aseguró el frommiano con ironía.

–Yo estoy dispuesto, ¿y tú, Nuria? –preguntó Roger con sarcasmo.

–Encantada, encantada.

–Créanme que tengo interés en ustedes. Son los únicos pacientes a los que considero amigos. No me pueden dejar así…

–Ni modo –interrumpió Nuria.

–Ni modo –repitió Roger.

–Ya estábamos logrando develar su inconsciente.

–Si usted quiere (–Me vale –dijo Nuria.) podríamos verlo mientras nos vamos a Europa. (–Pero no le pagaríamos –informó Nuria.) Pero no le pagaríamos –concluyó Roger.

–Eso tenemos que hablarlo personalmente. Les cobraría una tarifa especial de acuerdo con los minutos que dure la sesión. Los espero mañana –dijo el psicoanalista con timbre de taxímetro.

10

Roger se desvistió lentamente, como le gustaba a Nuria. Bajo su traje de mascota con parches en los codos, apareció un reluciente, aunque arrugado, pijama de franela café con vivos verdes.

–Me preocupa que podamos sufrir en el viaje.

–A mí también, pero menos que a ti.

–¿Cómo sabes cuánto estoy de preocupada?

–Te conozco mejor de lo que te imaginas.

—Yo también a ti. La verdad es que estoy preocupada porque el que va a sufrir eres tú.

—Pues preocúpate.

—¿Yo? Eso lo veremos.

—Ay, Roger —exclamó ella.

—Ay, Nuria —la imitó él, con la boca medio llena de torta de aguacate.

11

El psicoanalista los esperaba con una pregunta estratégica en casos de abandono de terapia por viaje inesperado.

—¿A que parte de Europa piensan ir?

—A Madrid —respondió Nuria.

—A Ámsterdam —corrigió Roger.

—Escúchenme bien: yo creo que ustedes no quieren ir a Europa, sino huir de mí; o mejor dicho: del psicoanálisis; o todavía más: de ustedes mismos. ¿A quién se le ocurre ir a Ámsterdam (—Vimos las fotografías —explicó Nuria.) si no se ha encontrado con su propio yo? ¿A quién?, me pregunto sin atinar a responderme.

—También vamos a ir a Estocolmo y a Berlín y a Rotterdam y a La Haya; quizás pasemos por El Cairo.

—¡El Cairo no está en Europa!

—No importa: el caso es recorrer mundo.

—¿Sin haber recorrido primero los senderos luminosos del mundo interior? —interrogó con gravedad el psico—. Y si Nuria se escurre, Roger, ¿qué piensas hacer? Y si Roger hace como que se lava las manos para burlarse de ti, ¿qué harás, Nuria?

–No me voy a escurrilavar las manos –dijo el matrimonio atropelladamente.

–Ay, Roger y Nuria.

–Ay, doctor.

–Son setecientos pesos.

12

En Ámsterdam conocieron a una pareja.

–¿En qué trabajas? –preguntó Lope a Roger.

–Soy bombero. Tengo una modesta fábrica de bombas.

–¡Qué interesante! Debe ser un trabajo lleno de aventuras y de suspenso. Como me gustaría...

–No lo creas, los tiempos han cambiado. Los estudiantes ya fabrican sus propias bombas, las amas de casa prefieren mezclar destapacaños en el café de sus maridos, los niños...

–Si no es indiscreción, ¿por qué vinieron a Europa? –preguntó Nuria a Concha.

–Porque Lope y yo tenemos problemas. Ya hemos tratado con el yoga, los masajes, la acupuntura, la comida vegetariana. Y nada. Seguimos peleándonos en la regadera.

–¿No sientes que a veces te escurres?

–Más que eso: soy como un jabón.

–¿Un jabón?

–Sí, algo muy resbaloso.

–¿Cómo una pista de patinaje en hielo?

–Como un ostión.

–¿Tan blanda?

–Yo en cambio soy dueño de un equipo de beisbol y en mis ratos libres me dedico a escribir.

–¡Qué fascinante!

–No tanto. El equipo está en el sótano desde el principio de la temporada... Nuestro punto débil son las bases...

–Yo también soy escurridiza...

–Y lo que escribo no es tan bueno, a juzgar por las ventas...

–Como una semilla de papaya...

–No, no son novelas. Escribo manuales de taquigrafía.

–Me fascina.

–Podríamos cambiar.

–¿Por qué no?

13

Nuria le escribió una postal al psicoanalista: «Tenía usted razón: hay canales por todos lados. La verdad es que a Roger y a mí nos gustaría que estuviera entre nosotros. Hemos tenido algunas desavenencias. Lo mismo le pasa a algunos amigos. Ya le platicaremos.» También Concha le escribió: «Me dijo Nuria que usted es uno de los psicoanalistas más reputados. A Lope y a mí nos gustaría tratarnos. Roger le va a regalar a mi marido un recibo de honorarios prepagado. Creo. Hasta pronto.»

En un restaurante firmaron los papeles de cesión de propiedades. Brindaron por el equipo, la fábrica, los manuales y la cita con el psicoanalista. Luego se fueron al aeropuerto.

El jugador del jardín derecho era el más malo. Los demás eran regulares. El día que vieron el primer partido, desde un palco, como nuevos propietarios del equipo, Roger y Nuria pensaron en algunos cambios. Citaron en la oficina al entrenador, al primera base y al pícher.

–Pero si yo no sé pichar…

–Ya aprenderá –aseguró Nuria.

–Ningún equipo tiene un nombre así.

–Por eso, por eso –confirmó Roger, terminante.

–¿Qué es esto?

–Un recibo de honorarios. Déselo de nuestra parte al Jaboncito.

–¿Y ése quién es?

–Así se llamará desde hoy el jardín derecho. ¿Queda todo claro?

Tuvieron que leer los manuales que escribió Lope para aprender y así poder redactar los suyos propios.

Nuria tomó el dictado: «Por este conducto me permito regresar a usted un lote de pelotas cuya factura es defectuosa. Los Jaibos nos blanquearon con holgado marcador gracias a sus pelotas de mantequilla. Se resbalan. El Jaboncito se quejó ante mí de sus atropellos: hasta los elevaditos sencillos se le resbalaban del guante. Cuatro errores en un juego sólo pueden explicarse gracias al contubernio (–Con "b" alta o baja –preguntó Nuria, taquígrafa), pues como quieras, por el contubernio de los fabricantes de dichas esferas con los directivos de la Liga. Le envía un cordial saludo Roger, dueño de los Taquígrafos del Ajusco.»

—Luego de corregirle el dictado, Roger propuso a su esposa ya no escribir manuales sino versos.

—Sí —consintió con vivo entusiasmo. Y también novelas históricas.

—Pero ése no fue el trato con Lope —recordó Roger, apesadumbrado.

—Podemos preguntarle al psicoanalista.

—Dices verdad —y tomó, cada quien, su propia extensión.

—¿Será ético que lo hagamos, doctor?

—Los problemas de moral suelo no resolverlos por teléfono. Vengan mañana a las doce.

16

En la sala de espera se encontraban Lope y Concha, Roger y Nuria, Angélica, la Ratona y el Jaboncito.

—Y dime, querida, ¿ya te recibiste?

—No, todavía no. En el último examen había estudiado la vejiga a conciencia pero me tocó la ficha de los riñones. Una mala pata, ¿no crees?

—Cuando decidí robar la segunda base, el cácher reviró y me agarró en un tira-tira.

—Intenta resbalarte, ésa es la clave.

—A mí también me gustaría conocer Ámsterdam.

—Hay canales por todos lados. Si no, acuérdate de mí.

–Tenía muchas ganas de conocerla. Veo que es usted muy guapa. Y además está bien dotada.

–Gracias. Me apena no poder decir lo mismo, aunque he de reconocer que tiene el cutis aceptable. En cuanto a los senos, se le caen, ¿verdad?

–¿Se sigue resbalando tu mujer?

–Desde que entramos a psicoanálisis un poco menos.

–Te lo dije, te lo dije.

–El beisbol es como la prostitución: te pagan por entregarte.

–¡Qué coincidencia!

–Bésame.

–Ahora no, nos están viendo.

–La verdad es que todavía no le agarro muy bien a las bombas de edificio. La última vez sólo se cayeron seis pisos.

–Todo es cuestión de práctica.

–Por favor, aquí no te me resbales.

–Me duele la vejiga.

–Sí.

17

Finalmente salió el psicoanalista con una pipa en la boca. Uno a uno le estrecharon la pequeña mano con respeto manifiesto, menos la Ratona, que no se concebía a sí misma como cliente. Lope, distraído, le dio un beso en la mejilla.

–Tenías razón –murmuró Concha al oído de Nuria–, no se le ve para nada acomplejado.

La enfermera distribuyó copas de anís dulce y bocadillos de paté. También hizo un llamado en voz alta: «Los que quieran pasar al baño, háganlo de una vez, porque luego no va a ser posible interrumpir esta sesión cumbre». Hicieron cola Roger, Angélica y Lope. Concha aprovechó su turno para masturbarse.

–Los he citado en grupo para resolver sus problemas de una vez por todas.

–¿Podría repetirlo? –pidió Nuria mientras sacaba apresuradamente su block de taquigrafía.

–No dije nada importante. Les voy a pedir que se ubiquen aquí, que localicen cuanto antes su yo, que se mantengan alertas a mis palabras, que sean analíticos.

–¿Podría ir más despacio? –solicitó Nuria.

–Voy a empezar: a Roger no se le antoja escribir manuales de taquigrafía sino versos, mientras que a su esposa le gusta tomar dictado y prefiere las novelas históricas. Concha y Lope están contentos con el negocio de las bombas y no extrañan al equipo de beisbol. El Jaboncito se queja de la manopla tan gastada que tiene y de las pelotas-mantequilla. A Concha le gusta Roger. Sin embargo a Nuria no le gusta Lope. El Jaboncito, en cambio, quiere con las dos, y las dos detestan a…

–Va muy rápido –insistió Nuria.

–Les decía: mientras Concha quiere ser jefa de personal de la fábrica de bombas, su marido la mantiene en el puesto de directora de finanzas. El Jaboncito piensa que se sentiría más seguro en la tercera base y como cuarto al orden al bat, y Roger le ha mandado un memorándum en el que lo ratifica como jardinero derecho y octavo al turno. Angélica se siente menospreciada; y además no aprueba su examen de Urología gracias a que Nuria le provocó un trauma al platicarle un chiste cochino acerca de los riñones de su marido. Roger, por su parte, desea a Angélica porque se parece un poco a la Ratona. Lope no conocía hasta hoy a la Ratona, pero sabía de ella por el pícher de los Taquígrafos, del que había sido amante antes que prostituta. Concha tiene celos de la mesera que conocieron en Ámsterdam...

–¿Celos de ésa? –interrumpió Concha.

–No estoy discutiendo con nadie mis afirmaciones.

–Pero si tenía en la nariz un lunar del tamaño de una uva.

–Eso no me lo habían dicho –se inconformó el psico–. No importa: voy a terminar. El Jaboncito quiere comprar una bomba de oficina para ponérsela a Roger, y Lope se niega a vendérsela...

–Los negocios son los negocios –se apuró a decir Nuria–. No hay que confundirlos con...

–Tus opiniones, querida, no son bienvenidas en este momento. La lealtad de Roger para con Lope no es recíproca, ya que éste ha decidido dejar a un lado los manuales de taquigrafía para escribir versitos. Concha soñó que amenazaba a Nuria con echarle insecticida en la cara si no dejaba de verme con ojos lascivos. *Ergo*: Nuria está enamorada de mí. ¿Quieren más?

Lope pidió a la enfermera otra ronda de anís. Para brindar.

18

Roger, ensimismado, acariciaba con ternura a su nieto más pequeño. Una vez que se quedó dormido, lo fue a depositar a su cuna.

Nuria, acomplejada por su gordura, se dedicaba a atender la tlapalería que habían heredado de los abuelos de su esposo.

Roger se dirigió a la cocina para recalentar el té de manzanilla y así poder empañar cada vez que quisiera sus lentes. Abrió las llaves.

Nuria sólo imaginó el estallido.

Relato de espantos en Tierra Nevada

Estaba absolutamente deprimido cuando se me ocurrió que podía ir al zoológico a refrescarme. Pero en la calle me encontré (vale más decir: me topé) con la Juliana. Me dijo que tenía los pies hinchados de tanto caminar. Tomamos un taxi y nos fuimos a desayunar. Pero como ya era de noche, cenamos. Me contó acerca de la muerte de su perro, el Douglas: se le cayó de las manos mientras jugaba con él en su terraza. Vivía en el noveno piso de un edificio muy moderno. Ni siquiera bajó porque era evidente que no lo iba a encontrar con vida. Me deprimí aún más. Pero se me pasó cuando la Juliana me dijo que estaba estudiando la Historia. Me contó una guerra divertidísima y un chisme del Papa. Después de tanto reír y de tanto comer (ella: sopa de ostiones, ensalada de aguacate con atún, spaguetti al pesto, sesos a la mantequilla, chuletas en salsa agridulce y helado de guanábana; yo: antipasto, canalitos de apio con roquefort, sopa mariachi, tacos de albondigón, brocheta de hígados de ternera y un plátano) decidimos ir al cine a besarnos, como en otros tiempos. La señora de la taquilla nos dijo que la película ya había empezado. La vimos a los ojos y ella sonrió. Al salir del cine mi amiga me invitó a su departamento. Yo me rehusé por lo del perro y porque la última vez que intentamos dormir juntos en su cama no pudimos (es demasiado estrecha para dos gordos como nosotros). Quedamos en cenar al día siguiente y después ir al zoológico. Soñé (ya en mi casa) que la vida en sí es una continua mudanza. Al despertarme me acordé que había quedado en cenar con la Juliana. Como era de mañana, desayunamos mole, huevos rancheros, tacos al pastor, pan con mermelada y jugo de zanahoria. Era justo el día en que el zoológico cerraba sus puertas al público. Como estaba nevando nos metimos a platicar a un museo y a ver los cuadros. Había uno de un rinoceronte muy gracioso. Me dijo la Juliana: «Haz de cuenta que fuimos al zoológico», y yo me reí. Me reí por fortuna en el momento exacto en el que empezaba a deprimirme. Entonces nos encontramos (más bien: nos topamos) con el gran Enrique. Admiraba un cuadro de una hiena comiendo pajaritos. Le dio a la Juliana una felicidad tan enorme por el encuentro (o el tope) que yo también me puse feliz. Salimos los tres al triste frío de la nevada. Al poco rato de caminar sin rumbo yo decidí poner los pies en polvorosa. Pero insistieron tanto que terminé por acompañarlos a un jaripeo del que tenía noticias el gran Enrique. Fue un espectáculo tremendo. Nos bebimos como cuatro o tres botellas de ginebra que compramos antes en un súper. No me acuerdo muy bien cómo salimos de allí (del ruedo donde tuvo lugar el gran jaripeo). Una linda muchacha llamada Margarita nos convidó a su granja. Allí dormimos hasta la mañana siguiente. Empezaron entonces los horrores. En una báscula vieja que la dueña de la granja tenía en el comedor, se pesó la Juliana y no hubo problema; se pesó el gran Enrique y tampoco; pero cuando me pesé yo, descubrí que había bajado catorce kilos y no se me notaba. Como la Juliana insistía en que sí, me llevó a la cocina para besarme. Por un mero accidente, me salpicó el aceite donde se freían los huachinangos de la cena. Al fin desayunamos los cuatro y yo bajé unos setecientos gramos. Les parecía a todos tan increíble que no dejaron de interrogarme: pensaban que yo tenía un secreto para bajar de peso después de comer. Les dije que no, que yo así era (aunque la verdad nunca me había pasado algo igual). El gran Enrique se enojó y la muchacha llamada Margarita también. La Juliana y yo, mientras, nos tumbamos un rato en la yerba para retozar. Y así fue como le empezaron a salir a ella gusanos de sus heridas. Eran unos gusanitos casi transparentes que se arrastraban por su blanca piel. La anfitriona no sabía qué decir. Era algo tan extraordinario que no dejaba de asegurar que estaba perpleja. El gran Enrique también estaba perplejo y un tanto asustado (él también tenía heridas en los muslos y en un antebrazo). A la hermosa Margarita se le ocurrió que lo mejor era distraerse y dejar que todo pasara. Nos enseñó sus álbumes familiares y su caja de recuerdos. Tenía huesos, piedras de río, un puzzle incompleto y un fragmento limpio de la primera toalla higiénica que usó en la vida, entre otras muchas y variadas cosas. Justo cuando estábamos más divertidos llegó el párroco. Era un joven llamado Édgar. Insinuó que lo invitáramos a desayunar. El gran Enrique mató siete o seis guajolotes y los preparó a la leña. De tomar hubo «manitas», que es un licor de la región muy concentrado y con un ligero sabor a tocino. Cantamos canciones hasta altas horas de la noche y le contamos a Édgar cómo había sido que nos conocimos en el gran jaripeo. A él le cayó todo muy en gracia. Hasta que todos pidieron que fuera otra vez a la báscula para comprobar si sí. Y en efecto, había bajado otro kilo y medio sin que se me notara. Antes de dormir hicimos una fogata y miramos la luna. Como la Juliana había decidido dormir conmigo, tuvimos que hacerlo en el piso. Le seguían saliendo gusanitos transparentes por todos lados, pese al penetrante olor a «manitas» que despedía. Lo único que nunca me ha gustado de dormir fuera de mi casa es que los excusados son demasiado pequeños. Sin embargo estaba tan contento por las experiencias que vivía, que no me importó tanto sentarme a hacer mis cosas. El problema era que yo sentía que el párroco me espiaba. Lo hacía a través de un agujero que había en la pared. Veía incluso cómo parpadeaba. Era en verdad algo bastante incómodo pero no podía (yo) dejar de hacerlo (sentarme). El gran Enrique nos leyó a la mañana siguiente un poema que le había escrito a la gentil Margarita. Decía algo así como que era un ser intrigante y delicioso. El mismo Édgar aplaudió y pidió que lo volviera a leer con su excelente voz. Y no se diga de nuestra anfitriona: estaba impresionadísima. Cenamos croquetas, torta de elote, huevos con cueritos, salpicón y jugo de naranja con un poco de «manitas». Al terminar el desayuno (porque en realidad era de día) salimos a caminar al cerro, pero nos agarró a la mitad del camino otra nevada. Nos guarecimos un rato en una especie de gruta, hasta que escampó un poquito. Entonces corrimos a todo lo que daban nuestros pies y llegamos a la parroquia. Édgar encendió la chimenea y nos ofreció cobijas, un poco de «álamo» (que es la otra bebida regional) y recalentó un poco de «macho» (que es una combinación de carne de caballo, flor de calabaza, menudencias de pollo, chile abajeño y jícama). Luego jugamos a las cartas y el gran Enrique contó algunos chistes. A la Juliana le seguían brotando los malditos gusanos por todas partes. Se sentía molesta porque tenía que explotarlos con los dedos. Como ya era de noche, la dulce muchacha llamada Margarita sugirió que durmiéramos allí, pero al gran Enrique se le ocurrió que lo mejor sería que desayunáramos algo y que luego me pesaran en la báscula de la granja. No me quedó de otra que aceptar (en cambio, Édgar dijo que prefería reposar esa noche en su propia recámara). Aunque la cena no fue tan pesada, bajé casi cuatro kilos. La Juliana estaba sorprendidísima. Se sacudió cuatro o tres gusanos que le bajaban por la mejilla y me dijo: «A ver si ya vas enseñando tu secreto». Y palabra que no había ningún secreto. Le dije que los pantalones no se me caían y que eso era una clara prueba de que la báscula mentía. Pero en cuanto se subió ella vimos todos con sorpresa que había subido unos ciento setenta y tantos gramos (107.14 kg). La estupenda anfitriona propuso que jugáramos a los trabalenguas y así se nos fue la noche. A la mañana siguiente, en el momento previo a la cena, otra sorpresa nos aguardaba: el gran Enrique se hizo blanco. Antes era negro (porque había nacido en Uganda, de padres y abuelos también negros). Nadie quiso darse por enterado para que no se sintiera mal. No sé los demás, pero yo trataba incluso de no verlo fijamente porque me parecía algo impropio y desleal. Durante la cena, compuesta de gallinas (crudas) y queso de puerco, hablamos de otros temas, como los conflictos armados durante este siglo (la

Juliana), las enfermedades infecciosas en los lacrimales de los equinos (la talentosa Margarita), el desempeño en el campo del equipo de futbol irlandés (el gran Enrique), la importancia de los huevos de tortuga en la culinaria occidental (Édgar, que llegó a los monchis) y la poética galaico-portuguesa (yo). Durante el postre (fruta fresca de la granja), la deliciosa Margarita tuvo el detalle de ausentarse unos minutos para romper los espejos de la casa. «¿Por qué tanto espejo roto?», se preguntó el gordo Enrique. A lo que la dueña de la granja respondió: «Por mera superstición». El blanco gran Enrique se tragó ese bla bla blá y añadió: «¿Y ahora qué hacemos?». La Juliana tuvo una especie de mosqueo y sugirió llevarme a la báscula. El jueguito ya me estaba cansando, la verdad. Aunque no bajé mucho, todos hicieron un gran escándalo. El párroco dijo que si no nos apurábamos no llegaríamos a las competencias olímpicas de patinaje en hielo. Hicimos apuestas y nos fuimos a la ciudad en su pick up. Como los boletos estaban agotados nos fuimos al museo para presumirles a los demás el rinoceronte y la hiena. Y fue un verdadero fracaso. Antes de hacer una fiesta en el departamento de la Juliana desayunamos (o más bien: comimos), unos cinco o cuatro kilos de pescado zarandeado. El párroco Édgar nos convidó, al final, un trago de «álamo» que había guardado en su pick up. Y la Juliana también mostró sus lujos. Puso dos cassettes de música étnica, abrió cinco botellas de «pepes» (bebida oriunda de su serranía), sacó los quesos del refrigerador y una bolsa de cacahuates de la alacena. Hasta que todos entramos en su súper gran onda. La flamante Margarita tuvo un impulso espontáneo de desvestimiento que todos celebramos. Yo me bajé el zíper y el blanco gran Enrique se quitó la camisa. La estábamos gozando absolutamente, hasta que a la irresistible Margarita se le frunció la frente y se le detuvieron los labios (como si estuviera besando un cachete famoso ante las cámaras de la televisión). Quitándose siete o seis gusanos de la barbilla con un movimiento decidido de la mano izquierda, la Juliana besó la boca de la dulce Margarita con la intención de conjurar un posible hechizo, si de hechizo se trataba. Pero la angélica granjera siguió empujando los labios, involuntaria y desagradablemente (sin una estética asumida, diría yo), hacia carnes inexistentes. Con la posibilidad de hacernos patos, tal y como lo hacíamos con la blancura del gran Enrique, decidimos seguir la juerga sin acuerdo de por medio. Aproveché yo para besar entre trentaitrés y treintaidós veces los carnosos labios de la graciosa Margarita (su húmeda boca). El genial Édgar nos miraba con cierto antojo, la Juliana le mostraba cómo explotar a los gusanos al delicado gran Enrique y todos, en general, disfrutábamos el momento. Pero el párroco cayó al piso y se fisuró creo que la tibia o el omóplato. Se quejó tanto que llamamos a un médico amigo de la Juliana (un antiguo amante), que lo diagnosticó con severidad: se había luxado el astrágalo. Convinimos en no llamarlo aguafiestas y nos fuimos a la cafetería del hospital. Creo que acabamos con toda la provisión de burritas que estaban destinadas a todos los familiares de los enfermos. Al cabo de tres o dos horas, el doctor nos dijo que lo había salvado y nos pusimos de verdad felices. El gran Enrique sacó una tarjeta y pagó la cuenta antes de que propusiéramos dividir los gastos. La muy hermosa Margarita lanzó un bostezo que nos dejó helados. Y con razón, pues aseguró que tenía sueño y que prefería irse a dormir a su granja. El gran Enrique le consiguió un taxi, y luego tomó otro para él: argumentó que tenía algunos compromisos. Y como no valía la pena esperar a que dieran de alta al increíble Édgar, la Juliana y yo nos fuimos al zoológico, aunque a esas horas estaba cerrado. Y eso es todo, palabra.

Explicación

Soy a Tolstoi lo que mi esposa es a madame Curie. Y no quiero decir con esto que ella es mejor o yo peor, o que los dos somos unos genios, o que ella es una científica prominente y yo un escritor de valía. Sinceramente no sé qué quise expresar cuando las comparaciones pasaron por mi mente, aunque confieso que padezco de megalomanía. Sería, en todo caso, más justo decir que yo soy a Chopin lo que Terecita –mi esposa– es a Evita Perón. Pero ni así sabría explicar el porqué de tan disparatados parangones. La mente es así de compleja en sus pensamientos.

Sin embargo lo dije. Asumo que lo dije. Y por lo tanto tendré que hacer frente a tan graves aseveraciones, y no esperar a que alguien me lo demande en el futuro.

En la esquina del periódico del día anoté, con la pluma que mi mujer me regaló de cumpleaños, lo siguiente:

Terecita y yo somos gente:
* sincera,
* honesta,
* ciertamente gris,
* trabajadora y

* de buenos modales.

No sé por qué escribí lo de «honesta», porque la verdad tenemos cola que nos pisen. Simplemente somos humanos.

Ella es una abogada penalista que ha ganado algunos casos y ha perdido otros. Yo soy jefe del departamento de adquisiciones del Ministerio de Pesca. Mi suegro es un general retirado del Ejército y mi suegra sigue siendo ama de casa. Mi padre es un hermeneuta preparado y reconocido y mi madre, ahora, diputada plurinominal.

Entre Terecita y yo hemos procreado dos varones y una mujercita. El más grande –Coco, le llamamos– tiene un negocio de quesos y no le va tan mal. Es padre, a su vez, dos niñas hermosas de cinco y tres años. El segundo se llama Goyo y es instructor de patinaje sobre hielo. No gana mucho, pero tampoco necesita mucho, ya que vive aún con nosotros y es un muchacho sencillo. Florcita, la más pequeña, estudia música –creo que arpa– y es la mejor de su escuela. Su novio –el Betabel, como le dicen sus amigos– tiene intenciones serias y maneja un puesto de lechugas en la Central de Abasto.

Terecita, en estos momentos, representa a tres clientes:

1) Un hombre que mató, en defensa propia, a su pobre mujer. El caso salió en los periódicos y ha habido un seguimiento morboso por parte de la prensa que entorpece las investigaciones. Además, la pobre tiene que enfrentarse con testigos inventados y pagados por la parte agraviada, la familia de la víctima. Ambos creemos que el tipo es inocente, pero a ver qué pasa.

2) Un asesino confeso. Aunque el caso está previamente perdido, a Terecita le importa luchar contra los

agravios que lo pueden llevar, de perder el juicio, a una sentencia de cuarenta y cinco a cuarenta y ocho años de prisión. Pretende conseguirle sólo treinta y tres.

3) Un joven ladrón, hijo de una familia pudiente, que tiene una coartada genial que el juez se ha negado a creerle. Si su defensa es efectiva –yo no lo dudo–, la recompensa económica que le han ofrecido los familiares podría hacer posible nuestro sueño de la casa en la playa.

Por mi parte, un cargo de tan alta responsabilidad me ha hecho un ser metódico y ordenado. Pero también comprensivo con las necesidades ajenas. A ojos extraños, muchas de las decisiones que tomo podrían malinterpretarse por la sencilla razón de que repercuten necesariamente en mis bolsillos. Yo no inventé la corrupción, y eso está muy claro para mí.

Terecita y yo, por lo demás, somos buenos padres y buenos abuelos. Somos también seres tradicionales: los domingos nos juntamos a ver el futbol, a comer pollo a las brasas y a hablar de política. Nuestras nietas son el centro de la reunión familiar, pues siempre hay gracias que festejarles. Con frecuencia, mi futuro yerno, el Betabel, llega con su guitarra y todos nos ponemos a cantar. A veces también bailamos y nos divertimos.

Así son los domingos, por poner sólo un ejemplo.

Los lunes, en cambio, son muy distintos. Terecita se encarga de despertarnos a todos a las seis y media de la mañana. No tolera que durmamos siquiera quince minutos más. (Lo he aceptado con el correr del tiempo porque en realidad eso es para ella muy importante.) Por supuesto, el malhumor impera todas las mañanas. A Goyo hay que echarle agua en la cara para que reaccione;

cuando lo hace, escupe una cantidad de palabrejas que enojan a su madre y todo termina en bofetones e insultos. Y no se diga de Florcita, que termina ayudando a su madre a servir el desayuno a gritos.

Las noches son más tranquilas. Mi hija estudia o lee sus novelas policiacas, la penalista hace sopas o guisados para la cena, Goyo se pone a ver la televisión y yo me dedico a leer a Tolstoi. A las diez o diez y media ya todos estamos dormidos. O más bien: todos creemos que los demás están dormidos.

A grandes rasgos, esto es lo que somos y lo que nos pasa cotidianamente.

Y hasta aquí, por lo pronto, no hay nada que justifique mi idea de convertir a Terecita en madame Curie o Evita Perón, y a mí en León Tolstoi o Federico Chopin.

Pero cada cabeza es un mundo –insistía mucho en ello mi maestro de Presocrática (soy filósofo de profesión).

Por ejemplo, Goyo –que es un muchacho sencillo y sensible– anda metido en su problema con la droga. Lo sé porque he escuchado sus conversaciones en clave a través del teléfono (un padre siempre intuye cuando su hijo habla en clave). No he querido decirle nada al respecto para que sea él mismo quien decida su futuro. Soy ante todo un padre respetuoso. Al mismo tiempo, advierto que no se trata de algo grave. Estoy convencido de que su adicción es pasajera. Lo digo porque de joven yo también fui adicto.

El caso de Florcita es distinto. A ella le da por meter al Betabel por las noches a su cuarto. Me consta que se ponen a hacer el amor. Sin embargo, no seré yo quien la recrimine. Son chamacadas perfectamente entendibles. En cambio, si la abogada se entera, menudo lío que se armaría. Ella no comprende esas cosas por ser de provincia.

El Coco no tiene problemas. A menos que se considere como suyo el que padece su mujer. Resulta que Ruth –mi nuera– está enfermita de leucemia. Y los gastos –allende el dolor– que esto ocasiona han mermado la alegría innata de mi primogénito. Le he dicho, con mucho tacto, que un amigo mío del Ministerio me puede arreglar todo lo relativo al velorio y al entierro sin que él tenga que desembolsar gran cosa. Sin embargo, anda medio tristón. («La vida no se acaba hasta que se acaba», le dije, recordando a mi maestro de Ontología, pero él no captó el sentido.)

He dicho ya que Terecita es una gran abogada, una gran madre y una gran compañera de ruta. Es también un ejemplo de profesionalismo y una invitación a la tranquilidad y el orden. Cocina muy bien, administra nuestros recursos, reúne a la familia, impone jugosos temas de conversación. En fin: es fantástica.

Pero ay, Terecita, lo tengo que decir para tratar de explicar los atrevidos símiles que me he planteado a mí mismo. Tú de madame Curie o de Evita Perón y yo de Tolstoi o de Chopin, la mera verdad, tenemos muy poco.

Resulta que a ella le da, eventualmente (cada quince días, cada mes, quizás), por creerse jovencita. Se pone una faldita café muy corta, se suelta su tradicional chongo, se pinta las uñas de rojo y se va con sus amigas a beber copas. Como es un ser adulto, yo no me atrevo a impedírselo.

Una vez la seguí hasta el bar donde había hecho cita con esas tipas (ojalá y tenga tiempo más adelante de hablar de ellas, porque todas son unas fichitas). El problema fue que no me dejaron entrar porque se trataba de un lugar exclusivo para mujeres. Para la siguiente vez, después de pensarlo durante dos semanas, me vestí de mujer y pude al fin entrar a supervisar a mi señora esposa. El espectáculo fue francamente deprimente. Las señoras, Terecita entre ellas, metían sus manos dentro del calzón de un tipo que bailaba y le daban dinero. (El que yo haya hecho lo mismo con damitas que se encueran no justifica que mi mujer lo haga.)

De regreso a casa, yo me puse a pensar que una abogada de su categoría no tendría por qué andar haciendo esos numeritos. ¡Cómo llegan a influir las malas amistades en la integridad de la gente!, me dije a mí mismo.

¡Y yo parangonándola con madame Curie y con Evita Perón!

Por supuesto que ella nunca se enteró de que yo la había espiado vestido de mujer. Fui muy discreto.

Paso ahora a revisarme, a hacer –lo que se dice– un trabajo de autocrítica.

Mis lecturas. He dicho ya que por las noches leo a Tolstoi. No por el hecho de leer un libro uno termina pareciéndose a su autor. Eso lo sé porque nunca me pasó por la cabeza creerme un Ortega y Gasset al leer su fabulosa *Deshumanización del arte,* ni una Selma Lagerlöf al devorarme su historia del pato.

La casa. Como se ha podido leer arriba, soy bastante tolerante con los míos. Ciertamente no lo soy con los demás (con «el mundo que nos rodea», como dice Terecita). Resulta que alguna vez un vecino me insultó porque había dejado mi auto en su cochera. No se lo perdoné y le pedí a la abogada que me ayudara a hundirlo. Nos la pasamos toda la noche planeando cómo meterlo a la cárcel unos veinte años. Hasta que encontramos la fórmula. El resto fue bastante sencillo. El tipo debe seguir insultándome desde la prisión. Pero ya no me importa.

Decía que soy tolerante hacia adentro, hacia la familia. Sin embargo, a mí no me toleran que digamos mucho. Hace algunos domingos propuse una paella, la aceptaron todos de buena gana y la cociné yo mismo (hacer una paella como la que hice me llevó no menos de seis horas). Bailamos unas sevillanas y comimos hasta el hastío. Al cabo de un rato una de mis nietecitas vomitó. Creímos que había comido demasiado, pero luego seguimos todos los demás. Desde entonces me acusan de que los quiero matar y no me dejan cocinar nada.

El trabajo. Como ya he dicho, tengo un puesto de alta jerarquía en el Ministerio de Pesca. Antes los había tenido en la Procuraduría de Justicia y en la Comisión de Aguas. Entre las cosas buenas que he hecho están: ascendí al contador Gumer de puesto (se lo merecía), compré al gobierno de Canadá unas redes modernas con las que pudimos sustituir las atarrayas de una comunidad de pescadores, doté de agua potable a la colonia donde vivían, en ese entonces, mis suegros, y evité la bancarrota de una compañía dedicada a ofrecer protección policiaca privada. Entre las cosas malas que he hecho están: despedí al chofer que me asignaron (me enteré luego de que tenía seis hijos) para meter a un primo del Betabel, compré un barco para el Ministerio sólo porque los vendedores me regalaron el auto que todavía tengo, mandé matar a un auditor y engañé a una cooperativa que nos había dado mucha lata hasta que su líder, con la ayuda de mi litigante favorita, terminó en la cárcel.

La sociedad. Cuando me da por beber no hay quien me pare. Sin embargo, no suelo ser molesto para los demás. En muy contadas ocasiones he hecho cosas condenables. Por ejemplo, una vez me prendí de las tetas de la esposa del señor Sánchez y no había poder en el mundo que pudiera separarme de ellas (hasta Terecita se puso molesta). En otra ocasión, francamente ya muy beodo, me comí el suéter de una colegiala, compañera de estudios de Florcita. Y lo tenía puesto. Dejaron de hablarme casi un mes hasta que comprendieron que se había tratado sólo de una borrachera. En cambio, la compañera de mi hija, me llamó un día para pedirme que la explorara a mis anchas.

Espero que ya todos sepan a estas alturas que estoy hablando con la verdad entre las manos. He querido investigar (ustedes son los testigos) esos momentos disparatados que me llevaron a pensar que yo soy a Tolstoi lo que Terecita es a madame Curie (o bien Chopin/Evita Perón). Reconozco que no lo he logrado. Y paso en consecuencia a pedir mil disculpas. Pero al menos en esto he tratado de ser muy honesto.

La mente es muy compleja. Piensa y sueña cosas que no tienen ninguna explicación racional pero que, en tanto que fueron pensadas o soñadas, son reales. ¿Cómo habrían resuelto Sartre o Hartmann o Abad Carretero semejante paradoja? No lo sé. Dudo mucho de que a alguno de ellos le hubiera pasado por la mente creerse Vladimir Nabokov o Jaime Torres Bodet.

Una gran desazón me invade al tratar de poner fin a esta hiriente Explicación.

Teresita ha hecho huevos poché y me llama a la mesa. Según ella, ése es uno de mis platillos favoritos.

Escucho los gritos de Florcita que reclama que alguien se ha puesto a leer sus cartas de amor. Creo que Goyo la está golpeando. Eso significa que tendré que bajar para imponer el orden en el hogar. La abogada me grita: «¡¿Qué no oyes lo que está pasando?!»

«¡Ya voy!», le grito.

Arreglaré las cosas, cenaré y volveré más tarde a mi Tolstoi.

A los pinches chamacos

Soy un pinche chamaco. Lo sé porque todos lo saben. Ya deja, pinche chamaco. Deja allí, pinche chamaco. Qué haces, pinche chamaco. Son cosas que oigo todos los días. No importa quién las diga. Y es que las cosas que hago, en honor a la verdad, son las que haría cualquier pinche chamaco. Si bien que lo sé.

Una vez me dediqué a matar moscas. Junté setenta y dos y las guardé en una bolsa de plástico. A todos les dio asco, a pesar de que las paredes no quedaron manchadas porque tuve el cuidado de no aplastarlas. Sólo embarré una, la más llenita de todas. Pero luego la limpié. Lo que menos les gustó, creo, es que las agarraba con la mano. Pero la verdad es que eran una molestia. Lo decía mi mamá: pinches moscas. Lo dijo papá: pinche calor: no aguanto a las moscas: pinche vida. Hasta que dije yo: voy a matarlas. Nadie dijo que no lo hiciera. En cuanto se fueron a dormir su siesta, tomé el matamoscas y maté setenta y dos. Concha vio cómo tomaba a las moscas muertas con la mano y las metía en una bolsa de plástico. Les dijo a ellos. Y ellos me dijeron pinche chamaco, no seas cochino. En vez de agradecérmelo. Y me quitaron el matamoscas y echaron la bolsa al basurero y me volvieron a decir pinche chamaco hijo del diablo.

Yo ya sabía entonces que lo que hacía es lo que hacen todos los pinches chamacos. Como Rodrigo. Rodrigo deshojó un ramo de rosas que le regalaron a su mamá cuando la operaron y le dijeron pinche chamaco. Creo que hasta le dieron una paliza. O Mariana, que se robó un gatito recién nacido del departamento 2 para meterlo en el microondas y le dijeron pinche chamaca.

Los pinches chamacos nos reuníamos a veces en el jardín del edificio. Y no es que nos gustara ser a propósito unos pinches chamacos. Pero había algo en nosotros que así era. Ni modo. Por ejemplo, un día a Mariana se le ocurrió excavar. Entre los tres excavamos toda una tarde: no encontramos tesoros; ni siquiera lombrices. Encontramos huesos. El papá de Rodrigo dijo: pinche hoyo. Y la mamá: son huesos. Vino la policía y dijo que eran huesos humanos. Yo no sé bien a bien lo que pasó allí, pero la mamá de Mariana desapareció algunos días. Estaba en la cárcel, me dijo Concha. Rodrigo escuchó que su papá había dicho que ella había matado a alguien y lo había enterrado allí. Cuando volvió, supe que todos éramos unos pinches chamacos metiches pendejos. Rodrigo me aclaró las cosas: la policía pensaba que ella había matado a alguien. Pero no: se había salvado de las rejas. ¿Qué son las rejas?, pregunté. La cárcel, buey.

Ya no volvimos a excavar. Tampoco pudimos vemos durante un buen tiempo. A mí mis papás me decían que no debía juntarme con ellos. A ellos les dijeron lo mismo, que yo era un pinche chamaco desobligado, mentiroso. A Rodrigo le dieron unos cuerazos.

Tiempo después, cuando ya a nadie le importó que los pinches chamacos nos volviéramos a ver, Mariana tuvo otra ocurrencia: hay que excavar más. No, ¿qué no ves lo que estuvo a punto de pasarle a tu mamá? No pasó nada, me dijo. Para que nadie nos viera, hicimos guardias. Excavamos en otra parte y no encontramos nada de huesos. Luego en otra: tampoco había huesos. Pero sí un tesoro: una pistola. Debe valer mucho. Yo digo que muchísimo. A lo mejor con esto mataron al señor del hoyo. A lo mejor. Sí, hay que venderla.

Escondimos la pistola en el cuarto donde guarda sus cosas el jardinero. Rodrigo dijo que él sabía cómo se usan las pistolas. Mi papá tiene una y me deja usarla cuando vamos a Pachuca. Mariana no le creyó. Andarás viendo mucha televisión, eso es lo que pasa.

Al día siguiente la volvimos a sacar y la envolvimos en un periódico. ¿Cómo la vendemos? ¿A quién se la vendemos? Al señor Miranda, el de la tienda. Fuimos con el señor Miranda y nos vio con unos ojos que se le salían. Nos dijo: se las voy a comprar sólo porque me caen bien. Sí, sí. Bueno. Pero nadie debe saberlo, ¿eh? Nos dio una caja de chicles y cincuenta pesos. El resto de la tarde nos dedicamos a mascar hasta que se acabó la caja.

A la semana siguiente, la colonia entera sabía que el señor Miranda tenía un pistola. La mera verdad yo no se lo dije a nadie, sólo a Concha. Y lo único que se le ocurrió decirme fue pinche chamaco. Lo que inventas. Lo que dices. Tu imaginación. Hasta que el señor Miranda nos llamó un día y nos dijo: ya dejen, pinches chamacos, dedíquense a otras cosas, déjense de chismeríos, pónganse a jugar. Nos dio tres paletas heladas para que lo dejáramos de jorobar.

En esos días, para no aburrirnos, nos dedicamos a juntar caracoles. Nos gustaba lanzarlos desde la azotea. O les echábamos sal para ver cómo se deshacían. O los metíamos en los buzones. En poco tiempo ya no había manera de encontrar un solo caracol en todo el jardín. Luego quisimos seguir juntando piedras raras, pero alguien nos tiró la colección a la basura. O deplanamente se la robó.

Fue entonces cuando decidimos escapar. Fue idea de Mariana.

Me puse mi chamarra y saqué mi alcancía, que la verdad no iba a tener muchas monedas porque Concha toma dinero de allí cuando le falta para el gasto. Mariana también salió con su chamarra y con la billetera de su papá. Hay que correrle, decía, si se dan cuenta nos agarran. Rodrigo no llevó nada.

Caminamos como una hora. Llegamos a una plaza que ninguno de los tres conocíamos. ¿Y ahora?, preguntó Rodrigo. Hay que descansar, pedí. Yo tengo hambre. Yo también. Vamos a un restaurante. ¿Dónde hay uno? Le podemos preguntar a ese señor. Señor, ¿sabe dónde hay un restaurante? Sí, en esa esquina, ¿qué no lo ven?

Era un restaurante chiquito. Rodrigo nos contó que él había ido a muchos restaurantes en su vida. La carta, le dijo al señor. Nos trajo hamburguesas con queso y tres cocas. ¿Quién va a pagar?, preguntó el señor. Yo, dijo Mariana, y sacó la billetera de su papá. Está bien. Escuchamos que le decía al cocinero pinches chamacos si serán bien ladrones.

De cualquier maneramente nos dio las tres hamburguesas y las tres cocas. Comimos. Y Mariana pagó.

Y ahora, ¿qué hacemos? Cállate, me calló Mariana. Mi papá ya debe haberse dado cuenta de que le falta su billetera. ¿Estás preocupada? ¿Por qué?, ya nos fuimos, ¿o no? Sí. Y ahora, ¿qué hacemos?

Vamos a platicar con el señor Miranda.

Rodrigo le hizo la parada a un taxi. Llévenos a la calle de Argentina. ¿Quién va a pagar? Mariana le enseñó la billetera. Pinches chamacos, le robaron el dinero a sus papás, ¿verdad? ¿Nos va a llevar o no?, le preguntó Rodrigo. Ustedes pagan, dijo.

El taxista nos llevó a unas pocas cuadras de allí. Era una calle solitita. Ahora denme el dinero. No, qué. Miren, pinches chamacos, o me lo dan o los mato. Es nuestro. Se los voy a robar como ustedes lo robaron, ¿verdad? También tu alcancía, me dijo. Yo le di la alcancía. Así es, pinches chamacos. Y ahora bájense.

Pinche viejo, dijo Mariana. Si hubiera tenido la pistola, le doy un balazo, dijo Rodrigo. Deplanamente. Me dan ganas de ahorcarlo. Sin dinero ya no podemos ir a un hotel. Yo he ido a muchos hoteles, dijo Rodrigo. Pero sin dinero... Por qué no vamos con el señor Miranda a pedirle nuestra pistola. Sí, eso es. La pistola. A ver así quién se atreve a robarnos.

Un señor nos dijo hacia dónde quedaba la calle de Argentina. Y luego: ¿están perdidos? Sí, un poco perdidos. Sigan derecho, derecho hasta Domínguez, ahí dan vuelta a la izquierda, ¿me entendieron? ¿Saben cuál es Domínguez? Yo no sabía, pero Mariana dijo que ella sí. La verdad, era un señor muy amable.

Para no hacer el cuento largo, llegamos con el señor

Miranda cuando ya era de noche. ¿Y ahora qué quieren?, nos preguntó, ya voy a cerrar. Queremos la pistola. Sí, y que nos venda una balas. Miren, pinches chamacos, ya les dije que se dejaran de chismes. Tomen un chicle y váyanse. No, la verdad queremos sólo la pistola. Voy a cerrar, así es que lárguense sin chicles, ¿entendieron?

Rodrigo tomó una bolsa de pinole, la abrió y le echó un buen puñado en los ojos al pobre señor Miranda. Pinches chamacos, van a ver con sus papás. El viejito se cayó al piso. Yo me le eché encima de la cabeza y le jalé los pelos. Mientras, Mariana le pellizcaba un brazo con todas sus ganas. Busca la pistola, córrele, le dijimos a Rodrigo. ¿Dónde? Allí abajo. No, no está. Allí, junto a la caja. Suéltenme, pinches chamacos, gritaba. Tampoco, no está aquí. ¿Dónde está, pinche viejo? Si no me sueltan... ¡Aquí está!, gritó Rodrigo, ¡aquí está! ¿Dónde estaba? En el cajón.

Y ahora qué. ¿Lo matamos? Mariana se había abrazado a las piernas del señor Miranda para que no se moviera tanto. Ve si tiene balas. Sí, sí tiene balas. ¿Le damos un plomazo? ¿Qué es plomazo? Que si lo matamos, buey. Sí, mátalo. Pinches chamacos...

El ruido del disparo fue horroroso, yo pensaba que los balazos no sonaban tanto. Al pobre del señor Miranda le salió mucha sangre de la cabeza y se quedó muerto. ¿Está muerto? Pues sí, ¿qué no te das cuenta? Ya ven cómo sí sé disparar pistolas. Puta, dijo Mariana. Sí, puta.

Vámonos antes de que llegue alguien. Nos fuimos por Argentina, derechito, corriendo a todo lo que podíamos. Hasta que llegamos cerca de la escuela de Rodrigo. Pinche chamaca, dijo una señora con la que se tropezó Mariana, fíjate por dónde caminas.

No sé como lo hizo, pero Rodrigo sacó rapidísimamente la pistola y le dio un plomazo en la panza. La señora cayó al piso y empezó a gritar. No está muerta, le dije, tienes que darle otro plomazo. Rodrigo le dio otro plomazo en la cabeza.

Ahora sí, comprobó Mariana, está fría. ¿La tocaste o qué? Está muerta, buey.

Al parecer, otros oyeron el ruido del balazo porque la gente se juntó alrededor de la muerta. Rodrigo se había guardado ya la pistola en la bolsa de su chamarra.

¡Llamen a una ambulancia! ¡Llamen a la policía! ¡Llamen a alguien! ¡La mataron! Yo creo que fue un balazo. ¿Ya le tomaron el pulso? Yo lo oí. Salí corriendo de la casa a ver qué pasaba y me encuentro con que… Yo vi correr a un hombre. Llevaba una pistola en la mano. Debes atestiguar. Claro, nomás venga la policía. No, no respira. Quítense, pinches chamacos, qué no ven que está muerta. No hay seguridad en esta colonia. Es un pinche peligro. ¿Le robaron la bolsa? Sí, yo vi que el hombre corría con la pistola y la bolsa de la señora. Era una bolsa blanca… ¿Qué no oyeron, pinches chamacos metiches? Si sus papás los vieran haciendo bulto… Eran dos, llevaban pistolas y la bolsa… Yo la conozco: es Mariquita, la de don Gustavo. Lo triste que se va a poner el hombre.

En cuanto oímos el ruido de las sirenas, Mariana dijo mejor vámonos, podemos tener problemas.

No debimos matarla, les dije mientras caminábamos hacia la avenida. Fue culpa de ella. Además, así son las cosas, a mucha gente la matan igual, en la calle, con pistola. No debes preocuparte. Dicen que te vas al cielo cuando te matan a balazos. Sí, es cierto, yo ya había oído eso. ¿Tú crees que el señor Miranda también se vaya al cielo? Claro, tonto.

Mariana le hizo la parada a un taxi. ¿A dónde vamos? No tenemos dinero para pagarle. Ay, qué ingenuo eres, me dijo. A la calle de López, dijo Rodrigo. ¿Cuál calle de López? ¿Saben qué hora es? No, le dije. Son las diez. ¿Nos va a llevar o no?, le preguntó Mariana. Miren, pinches chamacos, si sus papás los dejan andar a estas horas tomando taxis no es mi problema, así es que largo, largo de aquí. Rodrigo sacó la pistola y le apuntó a la cara. Ah, pinche chamaco, además te voy a dar una paliza por andarme jodiendo.

Y cuando le iba a quitar la pistola, Rodrigo disparó el plomazo con las dos manos. Le entró la bala por el ojo. Lo mandamos derechito al cielo, qué duda.

Yo sé manejar, dijo Rodrigo. Pero no fue cierto, en cuanto pudimos hacer a un lado al taxista, Rodrigo trató de echar a andar el coche y no pudo. Debes meterle primera. Ya sé, ya sé. Déjame a mí, dijo Mariana. Se puso al volante, metió la primera y el coche caminó un poco, dando saltos. Mejor vamos a pie, les dije. Sí, este coche no funciona muy bien.

Antes de abandonar el taxi. Rodrigo esculcó en los bolsillos del taxista hasta que encontró el dinero. Hay más de cien pesos. Quítale también el reloj. Luego lo vendemos. Mariana guardó el dinero, yo me puse el reloj y Rodrigo se escondió la pistola en la chamarra.

En el hotel fue la misma bronca, que si dónde están sus papás, que si saben qué hora es, que si un hotel no es para que jueguen los chamacos, que si alquilar un cuarto cuesta, que dónde está el dinero. Váyase a la chingada, dijo Rodrigo alfinmente, y todos echamos a correr.

Caminamos un rato hasta que Mariana tuvo una buena idea. Ya sé, podríamos ir a dormir a casa de la señora Ana Dulce. ¿Con esa pinche vieja? Sí, buey, dijo Rodrigo, nos metemos a su casa, le damos un plomazo, y nos quedamos allí a dormir. Puta, que si es buena idea...

La señora Ana Dulce nos abrió. ¿Qué quieren? ¿Nos deja usar su teléfono?, le dijimos para guaseárnosla. Pinches chamacos, ¿saben qué hora es? Nos metimos a la casa sin importarnos las amenazas de la vieja: voy a llamarle a la policía para decirle que se escaparon de sus casas. Van a ver la cueriza que les van a poner. Vi cómo Mariana discutía con Rodrigo. Ahora me toca a mí. Si tú no sabes... Al parecer ganó Mariana porque tomó el arma y le disparó un plomazo a la señora Ana Dulce. Le dio en una pata. Luego disparó por segunda vez. ¿Qué tal?, dijo, te apuesto a que le di en el corazón. Yo pensaba lo mismo, a pesar de que la vieja chillaba del dolor como una loca y se retorcía en el piso. Al rato se calló.

La guardamos en un clóset. Rodrigo decía que era un cadáver. Luego cenamos pan con mantequilla y mermelada y nos metimos los tres a la cama con la pistola abajo de la almohada.

Durante los siguientes diez días no le dimos plomazos a nadie más. Nos quedaba una bala. Íbamos al parque todas las mañanas y comíamos y dormíamos en casa del cadáver, hasta que el espantoso olor del clóset nos hizo salir corriendo de allí.

Ese día tuvimos la mala pata de encontramos frente a frente con el papá de Mariana. ¡Pinches chamacos!, nos gritó. ¡Cómo los hemos buscado! ¡Van a ver la que les espera!

Nos esperaba una que ni la imaginábamos… A todos nos agarraron a patadas y cuerazos y cachetadas y puntapiés. Yo oía cómo gritaban Mariana y Rodrigo. Mi mamá me dio un puñetazo en la cara que me sacó sangre de la nariz, y mi papá, un sopapo en la boca que casi me tira un diente. Por más que lloraba, no dejaban de darme y darme como a un perro.

Tardé un poco en dormirme. Pero en un ratito me desperté con el ruido de un plomazo. Ya Rodrigo debe haberse echado a sus papás, pensé. Luego se empezaron a oír gritos. Mis papás se despertaron también y corrieron a la puerta a ver qué pasaba.

La mamá de Rodrigo gritaba: ¡Lo mató, lo mató, lo mató! ¡El pinche chamaco lo mató! Cálmese, señora, quién mató a quién. Rodrigo salió en ese momento con la pistola en la mano. Córrele, me dijo a mí, antes de que nos agarren. Esto es la guerra. ¿Y Mariana?, le pregunté. Hay que ir por ella. No, qué, córrele.

Y sí: corrimos a madres. Fue un alivio encontrarnos con nuestra amiga en la calle. Ya se echó a su papá, le anuncié. Puta, dijo Mariana, eso me imaginé. Y nos echamos a correr como si nos persiguiera una manada de perros rabiosos. No paramos hasta que Rodrigo se tropezó con una piedra y fue a dar al suelo. Le salía sangre de la cabeza.

Qué madrazo me di, nos dijo medio apendejado. Y sí que era un buen madrazo. Hasta se le veía un poco del hueso.

Los tres teníamos la piyama puesta y ellos dos estaban descalzos. Sólo yo tenía calcetines. ¿Me los prestas un rato?, me pidió Mariana, está haciendo mucho frío. Se los presté.

¿Y ahora qué hacemos? Ni modo que volver a casa del cadáver. Todavía tenemos la pistola, ¿o no?, podemos meternos a una casa y matar a quien nos abra. No seas buey, eso está cabrón. Además ya no tenemos balas. ¿Cómo se te ocurre que ahorita alguien nos va a abrir la puerta? Es cierto, somos unos matones. No es por eso.

Me dieron ganas de orinar del frío que estaba haciendo. Una parte me hice en los calzones y otra sobre la llanta de su coche. Pinche cochino, me dijo Mariana. A Rodrigo le dio risa.

Caminamos un rato hasta que nos encontramos con una casa que tenía las ventanas rotas. Debe estar abandonada.

Seguro. Terminamos de romper uno de los cristales y nos metimos. Estaba oscurísimo.

Encontramos un cuarto en el que se metía un poquito de la luz de la calle. Hicimos a un lado los escombros y nos echamos al piso, muy juntos para tratar a calentarnos, hasta que nos quedamos dormidos, alfinmente dormidos.

A la mañana siguiente, con los huesos adoloridos, desperté a los otros. Pudimos ver entonces el cuarto en el que habíamos dormido. Estaba muy húmedo y sucio. Había latas vacías de cerveza, colillas de cigarros, bolsas de plástico, cáscaras de naranja y cantidad de tierra. Olía a puritita mierda.

Mariana tiritaba de frío, aunque estaba calientísima.

244

Es calentura, estoy seguro, les dije. Un calenturón como para llamarle al doctor. Cuál doctor, se encabronó Rodrigo. ¿Qué sientes?, le pregunté. Ella ni me contestó. Sólo tiritaba y tiritaba.

Hay que comprar aspirinas. Es cierto, le dije. Rodrigo se ofreció a buscar una farmacia mientras yo cuidaba a Mariana.

Esperamos horas y horas hasta que a Mariana se le quitó la temblorina. Cuando me dijo que ya se sentía bien le expliqué que Rodrigo había ido a buscar una farmacia para comprarle aspirinas y que todavía no regresaba. Pues ya se tardó. Claro que ya tardó. Algo debe haberle pasado.

Lo buscamos hasta que nos perdimos y ya no sabíamos cómo regresar a la casa donde habíamos dormido. Teníamos un hambre espantosa. Y sin dinero. Y sin pistola. Y sin casa donde nos dieran de comer.

Lo demás fue idea de Mariana. En un semáforo nos pusimos a pedir dinero a los conductores de los coches. Cuando llenamos los bolsillos de monedas las contamos: eran nueve pesos con veinte centavos. En una tienda compramos dos bolsas de papas y dos refrescos.

Después de comer nos acostamos en el pastito del camellón. Durante algún tiempo nos pusimos a hablar de Rodrigo. ¿Qué le habrá pasado? Sabe. ¿Lo habrá agarrado la policía por matar a sus papás? A lo mejor sólo está perdido. Como nosotros. O quizás lo apresaron cuando quiso matar al de la farmacia. ¿Cómo, si no tiene balas? O lo atropellaron. Quién sabe. O le dieron un plomazo por metiche.

Se hizo de noche y no teníamos dónde dormir. No nos quedó de otra más que preguntar por la calle de López para ir a casa de la señora Ana Dulce. Aunque oliera feo, al menos habría una cama.

Tardamos como dos horas en llegar. Afuera de la casa de la señora Ana Dulce había un policía. Yo creo que... Sí, sí, no necesitas explicarme nada. ¿Qué hacemos? Puta, ahora sí me la pones canija.

Nos metimos a dormir a un terreno baldío en el que había ratas. Puta madre que estoy seguro. La pasamos delachingadamente.

Despertamos mojados y con el pelo hecho hielitos. Teníamos un hambre espantosa. Y si vamos a la casa. ¿Qué dices? No ves que Rodrigo se echó a su papá. Pues Rodrigo es Rodrigo. A lo mejor ahorita ya está muerto.

Concha fue la primera en vernos: pinches chamacos, van a ver la que les espera.

Y es cierto: la que nos esperaba... Pero, con el carácter de Mariana, tampoco se imaginaron nunca la que les esperaba a ellos.

La creación

Dios dijo, con su inigualable Voz, «haya luz». Pero algo salió mal en la Articulación del sustantivo y el resultado fue imprevisto: la luz eléctrica. Y con ella solamente la noche y pronto el primer apagón. La gente robó en las calles y asesinó. La gente violó hermosas muchachas, perpetró asaltos, consumó parricidios, espantó ancianas, secuestró industriales y urdió, en medio de los congestionamientos de tránsito, horrorosos planes de venganza. «La oscuridad –se dijo entonces Dios para sus Adentros– ha suscitado la maldad entre los hombres.»

Había que corregir el error, grave si se considera que fue cometido por el Omnipresente. Para hacerlo, Dios apuntó primero en un papel su siguiente Deseo –oh, divina Grafía– y luego lo articuló con su mejor Pronunciación: «Hágase la bondad.» Y la bondad se hizo al instante bajo el hálito nocturno que aún envolvía al mundo. Aunque no sin cierta carencia de matices –a los que estaba poco acostumbrada la humanidad–: el altruismo. Los niños ayudaron a las ancianas a cruzar las calles, los prójimos ofrecieron a sus mujeres, los tiranos recolectaron dinero para la cruz roja, los mendigos abrieron cuentas de ahorro, el ejército se ofreció a cuidar bebés mientras los padres iban al cine, la gente empezó a darse la mano a la primera oportunidad e intercambió con sus semejantes voluminosos paquetes de regalos. En los hospitales se trasplantaron millones de ojos y riñones y se hicieron innumerables transfusiones de sangre: en la mayoría de los casos como un intercambio amistoso entre los propios donadores. El presidente de un país africano se inclinó por la democracia y el papa otorgó veintitrés dispensas.

Entonces, no contento con la supina melosidad de su última creación, más bien aburrido de ella, Dios musitó: «Quiero algo más normal…, algo así como la vida cotidiana.» El acatamiento de la orden no se hizo esperar. Con alegría todos se lanzaron a las calles, acudieron a sus trabajos, se tomaron el día libre, se embarcaron hacia otro puerto, se dejaron operar en los sanatorios, dijeron a sus hijos que no confundieran la libertad con el libertinaje, se dirigieron hacia el subterráneo, hablaron francés, hurgaron en sus narices, comieron asquerosos purés. Una deliciosa rutina lo cubría todo.

El tiempo pasó lentamente, marcado por el ruido de las fábricas de textiles y por el rechinar de los neumáticos en el pavimento. Hasta un buen día en que Dios se asomó a la Tierra: las cosas seguían igual: como si hubiera visto ya muchas veces la misma película. Era algo realmente aburrido. Un poco aturdido por el griterío en las tribunas de un estadio de futbol, ensordecido por las porras, decidió acabar de una vez por todas con la monotonía de la vida cotidiana. Se apresuró a decir: «Háganse la soledad y el silencio.»

El partido de futbol se terminó y cada uno de los ex fanáticos se retiró a su casa, a una buhardilla o a un tranquilo paraje marítimo. Las familias, las órdenes religiosas, los clubes de rotarios, los burós de arquitectos, los equipos de polo, los amantes, las academias y todo tipo de sociedades se disolvieron y sus ex miembros corrieron a buscar un lugar apartado donde vivir. Los individuos reflexionaban, concebían ideas, meditaban, leían a david hume, abrían su corazón al recuerdo, hurgaban en las profundidades de su alma, hacían yoga, se introvertían.

A Dios le conmovió tal orden y quietud. Gozaba con la soledad de sus criaturas porque de esa manera Él también tenía para Sí momentos de Apartamiento. Y porque podía distraerse si lo quería espiando lo que la gente escribía en soledad. Leyó cuanto manuscrito tuvo a su Alcance: diarios, cartas, sonetos, aforismos, libelos. Así percibió en toda su magnitud el regocijo que muchísimas personas tenían para consigo mismas. A la vez, advirtió su propio Regocijo cuando descubrió que Él también había escrito, casi sin notarlo, una Autobiografía.

Pero con el paso de los años el silencio fue hartante, deplanamente aburrido. Dios necesitaba con urgencia oír algo, aunque fuera un diálogo entre sicoanalizados. Una conversación sobre la lluvia o sobre el precio del petróleo. Lo que fuera. Un programa de rock en la radio, un tip sobre un empleo, una diatriba, un secreto, una majadería. Con un recital de poesía se conformaba.

Tenía que romper de un solo tajo con su Hartazgo y su Aburrimiento, dar un Golpe duro y definitivo al ascetismo. Afinó sus Cuerdas Vocales y entonó con Voz cantarina: «Haya fiesta.» Y el relajo brotó. Los extremistas recuperaron súbitamente el rubor de sus mejillas, echaron al fuego sus diarios y memorias, y comenzaron a bailar y a cantar. En todos los rincones del mundo apareció la diversión bajo distintos rostros: la gente se desternilló de risa, ganó concursos de baile y premios en las tómbolas, gastó bromas, organizó reventones, destrozó piñatas, consumió licores, compuso canciones, tiró al blanco, comió requesón.

Dios estaba emocionado, ojiabierto, aurisatisfecho, absorto en la Contemplación del júbilo que invadía la tierra. Cuánto le hubiera gustado en esos momentos ser humano para poder compartir con sus criaturas la ilusión, ese evadirse de las responsabilidades, sin compromisos ni preocupaciones. Poder asistir a un bailable, tirar un certero dardo a los globos, ponerse un disfraz de supermán, jugar al cubilete, cantar una ranchera.

Pero en cuanto tomó Conciencia de sus Divagaciones y recordó su divina Condición, la Tristeza lo invadió: siendo Creador no podía ser criatura. Sin embargo, una Duda disipó pronto sus Anhelos, tremenda Duda si se considera que la padece el Omniseguro: «¿Es acaso este el Papel que Yo debo representar como Rey de la Creación? ¿El de un Promotor de la fiesta, el juego y la irresponsabilidad?» Lo primero que se le ocurrió fue crear de una vez por todas la realidad: enseñar al mundo a decir las cosas tal como acaecen, a callar aquello de lo que no se puede hablar, a saber que una paloma no hace verano.

Entonces una nueva Duda se asió de Dios: «Si a realidades nos vamos —se dijo—, ¿soy yo una realidad para el hombre? ¿Mi Ser tiene para él algún sentido?» La Duda lo condujo a la Depresión, y más tarde a la Angustia. No quiso pensar más por ese día. Prefirió meterse en la Cama y olvidar por una noche sus Problemas. Soñó que se divertía a bordo de un tiovivo, que tenía Aspecto humano –parecido al de shirley temple, una de sus criaturas consentidas– y que lamía un rosado algodón de azúcar.

Una vez despierto, mareado ligeramente aún por su Paseo en carrusel, tardó algunos minutos en darse Cuenta de que todo había sido un Sueño. Al tiempo que se desperezaba y rescataba un par de Legañas, iba entrando de lleno en la realidad: sí, eso era, en una realidad de la que Él estaba excluido. Recordó su Tristeza de la noche anterior y su Imagen de Dios acongojado. Dijo entonces «No», con la Certidumbre de que le pondría un alto a tan desdichada situación.

Fue así como rompió con su Decaimiento: «Que nazca en la tierra la fe.» Y la fe se extendió de trancazo por el mundo. El alma humana fue engendrada por la semilla piadosa. Muchos oraron, otros se dieron golpecillos en el pecho mientras se echaban la culpa, unos hicieron sangrar sus rodillas y otros meditaron y se entregaron por completo a la contrición, el arrepentimiento, la piedad y la adoración. Se edificaron altares, capillas, templos, iglesias, basílicas, catedrales; también asilos, orfanatos, conventos y seminarios. La gente circulaba por las calles elegantemente ataviada con lustrosos hábitos. A la menor oportunidad, los transeúntes intercambiaban simétricas señales de la cruz con sus prójimos. Todos los domingos, a mediodía, los hombres salían de sus casas y con pequeños espejitos saludaban a su Creador. Después le echaban porras y brindaban por Él.

Dios se sintió más feliz que nunca. Esperaba los domingos con verdadera Impaciencia para verse reproducido millones de veces en la reverberación del saludo humano. Entre semana se dedicaba a bendecir hostias, algunas veces en las iglesias y otras, adelantándose, en las propias panificadoras.

Por fin Él era el Centro del mundo, el Omnicentro, el Omnitodo. ¿Por qué no darse entonces algunos Gustos? ¿Por qué no complacerse a Sí mismo? ¿Por qué no crear, si crear era su Verbo, lo que más le hubiera gustado ser y tener si hubiera sido criatura y no Creador? ¿Por qué no un Devaneo gozoso?

Tomó un gran Sorbo de vino para consagrar y se entregó a la Imaginación. A pensar cosas. En algo que lo complaciera a Él y de paso a sus criaturas. Y entonces creó: en la pantalla a barbra streisand; en deportes al equipo de futbol botafogo –aunque en su primer partido perdiera cero-dos–; en filosofía a pascal; en música al trío los panchos; en pintura a un extraño autor del siglo XVII (del que no se conserva ahora ninguna obra); en ingeniería civil a un tal morris. Y luego los pistaches, las bufandas de tela escocesa, las pirañas, dos novelas de faulkner, cubitos de hielo, un músculo, el pelo, la nobleza y las encuadernaciones en piel.

Agotado, aunque satisfecho, por haber llevado a cabo algunos de sus divinos Gustos, Dios se sintió al Borde del llanto de tantísima Felicidad que sin saberlo se había ido acumulando en Él a través de los siglos. Sus criaturas seguían rezando al tiempo que gozaban y departían las nuevas creaciones. A su manera eran felices. Y Dios notó cómo los llenaba esa felicidad. Pero también notó que algo les faltaba, un no sé qué que los apartara un poco de los rezos.

Se sintió egoísta. Tenía que dar a los hombres un regalo que los emocionara más que los cubitos de hielo o la sonrisa de la streisand. Tenía que compensar la obediencia que le habían tenido. Pensó tres días con sus noches. Hasta que por fin le dio al clavo: el sexo. Y en cuanto se le ocurrió chispó los Dedos y, pese a que eran las tres de la madrugada en bruselas, dijo: «haya sexo.» Y el sexo cundió por toda la Tierra con gran alegría por parte de sus actores. La gente salió a la calle para conseguirse una pareja. E hizo sexo. Veíanse por todos lados amantes, automonosexualistas, presbiófilos, ginecomastas, exhibicionistas, zooerastas, fetichistas, mixoescopófilos, dispareunistas, necrófilos y cortadores de trenzas.

Dios espiaba todos los días a los hombres. Primero acudió a casa de su consentida shirley, pero lo decepcionó. Luego recorrió con la Vista casas, hoteles, departamentos, playas, automóviles estacionados, piscinas, árboles, cualquier recinto que albegara a sus felices siervos. Un día encontró una pareja de la que Se le escapó decir: «son divinos».

En uno de sus Éxtasis voyeurísticos, Se dijo entre Dientes: «haya divino Semen.» Y el divino Semen escurrió, con la única inconveniencia de que no tenía ningún destinatario, alguien a quien engendrar. Fue así como Dios decidió crearse para Sí una Diosa, una Compañera eterna.

El trabajo, como era de suponerse, fue más difícil que el de crear humanos. Primero definió las características de su futura Esposa: los modelos que le venían a la Mente no eran otros que los mortales. Una combinación de barbra y shirley. Luego extrajo una intangible, divina, omniperfecta costilla y se creó una Esposa. Y el resultado, a su Parecer, no estuvo mal. Muy bien, divino.

Antes de entregarse por completo a sus Obligaciones para con Ella dio su última Orden: «Hágase un mundo en una época determinada de su evolución.» Y a pesar de la vaguedad de la Orden se hizo un mundo así, con una historia, con los restos de esa historia, con el sufrimiento de esos restos, con ideales y con voluntad propia.

La verdadera historia de Nelson Ives

–¿Y bien? –preguntó Carolina desde su habitación en un lujoso hotel de Buenos Aires.

–Tuve una pesadilla –respondió una voz del otro lado del teléfono.

En efecto, Nelson Ives Guadarrama –escritor de relatos y noveletas comerciales– había soñado con la guerra: estaba vestido con el típico uniforme camuflado, con una vieja escopeta apuntando hacia su objetivo y con la mochila de campaña a cuestas. Un general le ordenaba con determinación que disparara. Nelson Ives, indeciso, trataba de argumentar algo acerca de las vidas de sus futuras víctimas, pero el general, decidido, insistía en su orden. Al fin disciplinado, Nelson Ives apretó el gatillo: en cámara lenta vio cómo las balas hacían contacto con el pecho de un hombre amarillo, el cráneo de una mujer y los cuerpos indefensos de un abuelo y dos niños. La escena se repitió varias veces hasta que el telefonazo de Carolina lo despertó.

–Te compré ayer un aparato interesantísimo. Es un despertador que deja caer una lluvia de pelotitas de ping-pong sobre la cama a la hora en que tú lo programes. ¿No es increíble?

—Te amo.

Nelson Ives colgó. Hacía frío. Carolina lo extrañaba.

A pesar de sentirse un poco deprimido pidió que le sirvieran jugo de naranja, huevos y pan tostado. Como era un hombre con amplia capacidad adquisitiva, sus sirvientes le llevaron todo en el acto y con modales francamente irreprochables. Al terminar se dio una zambullida en la *piscine,* leyó el periódico y se dispuso a continuar una noveleta que había iniciado el día anterior.

Trataba la obra de una guerra imaginaria entre dos países tradicionalmente amigos. El general Word, su protagonista, había sido de joven amante de la esposa de un agregado militar, el general Bustamante. Al enterarse éste de los antiguos amoríos entre su colega y su esposa, los celos llegaron a cegarlo al extremo de falsificar un documento en el que el presidente de su país declaraba la guerra al presidente del país de su rival. Al día siguiente, Bustamante le llamó por teléfono a Word para informarle de las decisiones de sus respectivos presidentes, se despidió amistosamente de él y lo retó en el campo de batalla: el campo del honor.

Nelson Ives no sabía aún si debía incluir en algún momento del flujo narrativo misiles aire-tierra para hacer más verosímil la historia. Word le caía bien, pues dentro de la economía que le exigía el género, le creó una familia, una intimidad, un aura de bondad y un mundo de gratos recuerdos al lado de la esposa de Bustamante.

Al día siguiente volvió a llamar Carolina.

—Te compré un aparatazo. Me emocioné tanto con la compra que decidí llamarte. Es más: de la tienda corrí al aeropuerto para enviártelo al instante. Llega mañana.

—Iré —aseguró Nelson Ives y colgó.

El problema de los misiles lo tenía tan angustiado que decidió darle un tiempo a su noveleta, no apresurarse, distraer su creatividad en otras cosas a fin de que la narración corriera más naturalmente.

Pidió a sus sirvientes que le compraran cintas de video y ordenó que le prepararan comida oriental.

A Carolina le gustaba viajar en busca de aparatos que pudieran serle útiles a Nelson Ives. A él no le importaba cuánto se gastara ni dónde ir acumulando tantos aparatos, con tal de que Carolina viajara y lo dejara escribir en paz sus obras. De Oslo le mandó una licuadora especializada que trituraba los cassettes, diskettes y videocassettes que ya no le sirvieran. En Nueva York le compró una máquina para rasurarse dentro de la *piscine*. De Puerto Rico le envió una lustradora automática de zapatos. En Corea adquirió un deshidratador turbo de animales de caza.

Carolina era realmente amorosa, se preocupaba día y noche por el confort de su marido, por su bienestar. Respetaba que él fuera un novelista comercial.

Cuando le llevaron a la mesa su comida oriental, a Nelson Ives le entró un repentino antojo de paella. Sin embargo, no le gustaba hacerles desplantes a sus servidores, ni engañarlos con una súbita e inexplicable falta de apetito. Comió el arroz, los fideos, las verduras, el pollo, el cerdo, la res, el pescado, los camarones, el pato y los ostiones con una disciplina digna sólo de algunos de los personajes de sus propias creaciones.

Le alquilaron videos de western, thriller, porno, arte y acción. Nelson Ives echó a andar un aparato que Carolina compró en Bagdad y que le obsequió de aniver-

257

sario: distinguía las películas buenas de las malas, las que ya había visto de las que aún no, las deprimentes de las optimistas, las aburridas de las divertidas, los thrillers de los dramas. Nelson Ives hizo su selección: película deprimente-buena-nueva-divertida. Echó a andar la video con el encendedor automático incorporado a la hebilla de su cinturón y se entregó de lleno a la sorpresa: una cinta porno de origen sueco en la que la protagonista, una joven de clase media, invocaba por medio de la ouija a todos los hombres con los que habían soñado ella y sus compañeras de escuela.

Se quedó dormido cuando la muchacha había logrado traer para sí a un famoso cantautor. Lo besaba a la altura del omóplato justo en el momento en que sonó el despertador: eran las cuatro quince de la mañana. Despertó a la servidumbre, pidió chicharrón y huevos fritos y esperó la llamada de Carolina.

–¿Has ido ya por tu nuevo aparato al aeropuerto?

–No, iré –le respondió.

–Si te soy sincera aún no sé para qué sirve. De lo que sí estoy segura es de que es un aparatazo. ¿Has comido bien?

Nelson Ives colgó y le pidió al chofer que preparara el coche porque irían a recoger el regalo de su esposa.

Era un paquete del tamaño de una televisión grande. Ya en su casa lo desenvolvió con cuidado y miró en el interior: había ciertamente un aparato interesante.

Nelson Ives colocó la máquina en la sala de juegos y la conectó: no pasó nada. Oprimió el botón rojo, luego el verde, el amarillo, el azul... hasta que una lucecita blanca apareció en el centro de la pantalla. Tomó el auricular que se encontraba a un lado, al tiempo que oprimía un pedal.

–Bueno, bueno, ¿hay alguien allí? –apareció en la pantalla una figura geométrica y una larga ecuación color zanahoria.

–¿Qué quieres? –dijo una voz desde el interior de la caja.

–Nada, en realidad, sólo estaba probando la máquina.

–¿Qué quieres? –repitió la voz.

–Hombre..., ¡qué prisa!

–Una vez más, ¿qué quieres?

–Todavía no sé para que sirve esto...

–¡¿Qué quieres?! –gritó la voz del aparato.

–A ver, a ver... Un beso de Sofía Loren... –payaseó.

Se escuchó algo así como un *plast* al tiempo que unos labios invisibles, más bien grandes, se impactaron contra la boca de Nelson Ives.

–¿Sofia? –se dijo.

–¿Qué más quieres? –insistió la máquina.

–Una gran ensalada César.

Se oyó entonces un suave fluir y un llegar sólido: la *piscine,* antes llena de agua y florecillas, contenía ahora unas diez toneladas de hojas de lechuga, huevo, mostaza, anchoas y aceite.

–Un obelisco –ordenó Nelson Ives, antes de que la máquina lo siguiera presionando, y un obelisco se irguió en el jardín–, un pequinés con pico de ornitorrinco –el animal chilló desde lo alto de un árbol–, un capítulo del Quijote –apareció un folder sobre la mesa de billar–, Marilyn Monroe –y MM apareció en traje de baño desde el trampolín.

–¡No saltes! –gritó Nelson Ives–, está llena de ensalada –pero Marilyn, nada tonta, ya se había dado cuenta.

–Please, can I have some salad? –alcanzó a decir.

–¿Qué más? –se interpuso, impaciente, la máquina.

–Ya, ya, espérame tantito, no ves que tengo un problema.

–¿Qué más?

–¿Qué, no puedes esperarme?

–¿Qué más?

–¡Que te calles, carajo! –y la máquina calló.

MM comía grandes cantidades de ensalada.

–Please, can I have a coke?

Nelson Ives, que no se atrevía a acercarse a Marilyn,
ordenó a uno de los sirvientes que sabía inglés que se
dedicara a atender a la señorita.

–Mister, have you rum or piña colada or margarita?

–Do you want fajitas or nachitos? –ofreció también
el mesero.

Mientras Marilyn era atendida como una verdadera
reina, Nelson Ives babeaba: no podía continuar con su
noveleta comercial porque la idea de que la máquina era
una verdadera lámpara de Aladino lo tenía aún perplejo.
Se preguntaba si sería honesto que le pidiera que ella le
terminara la historia de Word y Bustamante. Si no, ¿qué
pedirle? Un hombre tan rico como él no necesitaba una
máquina así. Podía tener todo lo que deseara con sólo or-
denarlo o con sólo esperar a que su esposa se lo comprara.

–Habla –le pidió Nelson Ives.

–¿Qué más quieres? –prosiguió La Que Concede
Deseos.

—Mister, have you a TV? —se oyó pedir a MM.

—Yes —le concedió El Encargado de Conceder Deseos a Marilyn.

—Quiero ser invisible —se le ocurrió decir, y Nelson Ives desapareció.

Los meses que siguieron al bop que se escuchó en el momento mismo en el que Nelson Ives dejó el mundo de las apariencias tuvieron de todo:

Desconcierto entre la servidumbre al ver que su amo había desaparecido.

Desconcierto de MM al no saber dónde estaba, quiénes eran los mozos, dónde se había escondido Nelson Ives, por qué tanta ensalada.

El editor de Nelson Ives estuvo esperándolo en una cafetería más de una hora.

Carolina llamaba desde Estocolmo, Sri Lanka, Madrid y Quito para preguntar por el paradero de su esposo.

La ensalada se echó muy pronto a perder y hubo que trabajar días enteros para tirar las sobras en un lote baldío.

Marilyn llamó a todos los Di'Maggio y los Miller que aparecían en el directorio telefónico.

Un periodista le hizo un reportaje y un fotógrafo publicó nuevas fotos que desconcertaron, en términos generales, al mundo.

Entre tanto Nelson Ives deambulaba de un lado al otro sin ser visto, olido o escuchado por nadie. Sus días eran más agitados que de costumbre. Se bañaba en la tina con Marilyn. Asistía a los juegos de beisbol y se sentaba al lado del pícher. Visitaba con frecuencia al presidente y escuchaba –con las piernas sobre el escritorio– las órdenes que les daba a sus ministros. Dormía con distintas actrices de cine y con una vecina llamada Amparo de María. Conversaba con otros hombres invisibles.

Tres meses después de su desaparición, un sirviente de la residencia Guadarrama se puso a jugar con el aparato. Oprimió el botón rojo, luego el verde, el azul, el amarillo... La lucecita blanca apareció en el monitor, señal inequívoca para tomar el auricular:

–¿Qué quieres? –preguntó Aladino.

–Mi jefe –alcanzó a expresarse torpemente el asustado sirviente.

Nelson Ives retornó a su hogar.

–¿Y la señora? –fue lo primero que se le ocurrió preguntar.

–Llamó esta mañana de Indianápolis –respondió el sirviente.

Pese a que eran apenas las ocho de la mañana, Ives ordenó de desayunar *lasagna*, caracoles y estofado. Abrió una botella de 1932 y pidió que no le dijeran nada a Marilyn sobre su retorno al hogar.

Antes de dormir empacó la máquina aladina.

Una llamada de Indianápolis lo despertó.

–Cariño, estaba tan preocupada...

–Si.

–En estos meses te he comprado cantidades de aparatos y cosas. Debes ir al aeropuerto a recogerlos, no se los vayan a volar...

–Iré, mi vida.

–Ay, amor, si vieras lo preocupada que me te+ nías...

–Puedo imaginario.

–A propósito, ¿qué te hiciste?

Nelson Ives colgó, luego de inventarle a su esposa un repentino y no planeado viaje a Irán a fin de conocer de cerca un campo de batalla.

MM se depilaba las piernas en la *piscine* ante la mirada desinteresada de Nelson Ives. Le pidió que le ayudara a pintarse las uñas. Un sirviente de confianza era el intérprete.

–¿Quieres volver a donde estabas antes?

–Dice que le es indiferente –tradujo el sirviente.

Nelson Ives desempacó la máquina y le ordenó regresar a Marilyn al lugar de donde la había sacado.

La desaparición de Marilyn trajo consigo sólo dos consecuencias:

Tristeza en el sirviente asignado a ella.

Indignación de los reporteros que, atraídos por las audaces fotografías publicadas, querían entrevistarla y no la encontraron.

—Iré este fin de semana —aseguró Carolina Guadarrama desde un teléfono público en Alcalá de Henares.

—Estoy indispuesto.

—Será una visita breve, te lo aseguro. Además te voy a consentir, mi vida.

—Estoy tratando de terminar mi noveleta...

—Lo sé, lo sé. Cuelgo porque esperan el teléfono. *Ciao* —y colgó.

La esposa de Bustamante, con gran inteligencia, le pidió a su marido que no tomara represalias. El agregado militar, en una escena por demás sensiblera, había aceptado a condición de que le diera un hijo.

Nelson Ives estaba a punto de escribir la aceptación de ella, cuando un sirviente le anunció que la señora ya había llegado a casa.

—¿Y ese obelisco?

—Es una historia larga —respondió Nelson Ives.

—Me muero de ganas de leer tu nueva noveleta.

—Es una burrada... Si no es porque soy yo quien la escribe, no la leería por nada del mundo.

—¿No necesitarás alguna máquina que...?

Cenaron ravioles y bebieron sidra helada. De sobremesa, marido y mujer conversaron sobre sus últimas experiencias. Ella platicó acerca de un negro en Sierra Leona, de la mala comida de Londres, de una apuesta que ganó a un turco en Alejandría y de una amiga panameña. Él agradeció los regalos que ella le había enviado con tanto cariño y le resumió el argumento de su noveleta.

–¿Y el obelisco?

–Es una historia.

–No quiero meterme en lo que no me importa. Es más: está precioso.

–Está allí porque quise. Es todo lo que puedo decirte...

–Te amo –sonrió Carolina al ver que había metido en apuros a su marido.

(Así son las vidas que no se rigen con las mismas leyes que las noveletas. Así es la vida, en seco. La realidad, cuando intenta apresarse con una sola mano –como quiso hacerlo Nelson Ives–, se pierde irremediablemente y se duda –como dudó Nelson Ives– del tacto, la vista y el olfato. Sobre todo el olfato, porque Nelson Ives se sentó a la mesa, una mañana de otoño, seguro de que un pato laqueado iba a su encuentro: desayunó cereal con fresas.)

Bustamante perdonó a su mujer. No tuvieron hijos. Word se intoxicó con salmón, pero se recuperó gracias a la intervención oportuna de la mujer de Bustamante.

Marilyn volvió al mundo de las apariencias gracias a un infortunado descuido de Nelson Ives y a una decisión del sirviente. Tuvieron dos hijos.

Carolina perdió la vida en una avioneta que estalló en pleno vuelo entre Medellín y Cali.

Nelson Ives concluyó y publicó seis noveletas más. Un aparato, que no llegó a saber para qué servía, hizo un corto y se llevó su vida, habría que creerlo, al mismo lugar de donde Marilyn había regresado por segunda vez.

El comprador de la residencia Guadarrama, un señor de apellido Méndez, demolió el obelisco.

Andanzas

AA. VV.
Paisajes del limbo
Una ciudad mejor que ésta

Mario Bellatin
Salón de belleza
Poeta ciego
El jardín de la señora Murakami

Horacio Castellanos Moya
El arma en el hombre
Baile con serpientes

Gonzalo Celorio
El viaje sedentario
Y retiemble en sus centros la tierra
Amor propio

Javier Cercas
Soldados de Salamina

Luis Humberto Crosthwaite
Estrella de la calle sexta

Mario González Suárez
El libro de las pasiones
De la infancia
Marcianos leninistas

Francisco Hinojosa
Un tipo de cuidado

Hugo Hiriart
Galaor
El agua grande

John Irving
La cuarta mano

Enrique Krauze
Siglo de caudillos
Biografía del poder
La presidencia imperial
Caudillos culturales en la Revolución mexicana
Mexicanos eminentes
Tarea política
Daniel Cosío Villegas. Una biografía intelectual

Andrés de Luna
El secreto de las cosas

Élmer Mendoza
Un asesino solitario
El amante de Janis Joplin

Fabio Morábito
La vida ordenada
La lenta furia

Jaime Moreno Villarreal
El vendedor de viajes

Angelina Muñiz-Huberman
Las confidentes

José Manuel Prieto
El ruso y la tartamuda

Cristina Rivera Garza
Nadie me verá llorar
La cresta de Ilión

Daniel Sada
Porque parece mentira la verdad nunca se sabe
Albedrío
Una de dos

Jorge Semprún
Viviré por su nombre, morirá con el mío

Pablo Soler Frost
Malebolge

B. Traven
La creación del sol y la luna

Álvaro Uribe
Por su nombre